LA PHILOSOPHIE
DE LA
MÉDECINE D'EXTRÊME-ORIENT

DU MÊME AUTEUR

Ouvrages en français

— Le Principe Unique de la Science et de la Philosophie d'Extrême-Orient (Vrin, Paris, 1931).

— Le Livre des fleurs(Vrin, Paris, 1971).

— Le Livre du Judo (Paris, 1975).

— La Philosophie de la Médecine d'Extrême-Orient (Vrin, Paris 1956)-

— Jack et Madame Mitie en Occident (Vrin, Paris, 1971).

— L'Ère atomique et la Philosophie d'Extrême-Orient (Vrin, Paris, 1962).

— Le Cancer et la Philosophie d'Extrême-Orient (Paris, 1965).

— Le Zen Macrobiotique (Vrin, Paris, 1966).

— L'Acupuncture et la Médecine d'Extrême-Orient (Vrin, Paris, 1969).

— 4.000 ans d'Histoire de la Chine (Vrin, Paris, 1969).

— Le Livre de la vie Macrobiotique (Vrin, Paris, 1970).

LA PHILOSOPHIE

DE LA

MÉDECINE D'EXTRÊME-ORIENT

Le Livre du Jugement Suprême

PAR

Georges OHSAWA

(Nyoiti SAKURAZAWA)

PARIS

LIBRAIRIE PHILOSOPHIQUE J. VRIN

6, Place de la Sorbonne, 5e

1997

© *Librairie Philosophique J. VRIN, 1997*

Printed in France

ISBN 2-7116-4132-5

A mon cher Dr A. SCHWEITZER

YIN et YANG

métaphysique et physique

Le Principe Unique est définitif, mais sa traduction et son interprétation peuvent être métaphysique et physique.

Au commencement, il y a plus de 4.000 ans, le Principe Unique était une dialectique physique. Plus tard, des commentateurs et des interprètes métaphysiques, comme CONFUCIUS, en compliquèrent l'explication. Puis les médecins... Voilà la cause de la confusion et de l'incertitude qui enveloppent la philosophie et la médecine de l'Extrême-Orient. De plus, les extrême-orientaux étant des peuples dits « spirituels », « métaphysiciens » ou « primitifs », ils parlent une langue tout-à-fait spéciale, ils habitent un monde infini, éternel et absolu et, en conséquence, leurs langues sont indéfinies, vagues, extrêmement profondes et manquent souvent de clarté. En particulier, les langues chinoise et japonaise (les plus extrême-orientales) manquent des notions de temps, de nombre et de sexe. En réalité, d'après ma méthode, vous pouvez apprendre le japonais usuel en quatre heures, parfaitement et complètement. C'est la langue la plus facile que je connaisse dans le monde entier.

Au commencement, il y a plus de 4.000 ans, le ciel était considéré comme le plus grand symbole Yin et la terre comme le plus grand symbole Yang.

Le ciel étant l'espace infini, l'expansion illimitée, était considéré comme le plus grand représentant de YIN, la force centrifuge, la terre, le contraire, Yang. Mais, plus tard, les métaphysiciens désignaient le ciel (le vide) comme le générateur de tous les phénomènes et de tous les êtres dans le monde, la force majeure ou la divinité suprême et le classèrent dans la catégorie Yang. Voilà le point de vue métaphysique.

Au point de vue des activités, le ciel peut être nommé Yang, le plus grand producteur et au point de vue physique le ciel, l'expansion infinie, peut être nommé Yin, la plus grande passivité entropique.

Dans la médecine chinoise, on classifie l'intestin grêle, la vessie, la vésicule biliaire, le gros intestin, etc., dans la catégorie Yang. Le coeur, les reins, le pancréas, la rate, etc., dans la catégorie Yin. C'est une classification métaphysique d'après leurs activités, mais, physiquement parlant, c'est l'inverse: tous les organes vides sont Yin, alors que tous les organes pleins, compacts et denses sont Yang.

Mais, nous vivons dans une époque scientifique et physique. Nous ferons donc mieux d'adopter une classification physique et moderne et d'unifier la terminologie pour la traduction du Principe Unique qu'on doit introduire non seulement dans toutes les sciences naturelles autres que la médecine, mais dans toutes les sciences culturelles, en particulier dans la formation des idées fondamentales d'un gouvernement mondial.

PRÉFACE

J'ai écrit ce livre en Afrique Équatoriale française, en attendant le retour du Dr. A. SCHWEITZER (depuis le début de novembre jusqu'à la fin de décembre 1955, dans son hôpital, à Lambaréné, et du 1er janvier au 13 janvier 1956, à la station d'Andéndé, de la Mission Protestante, dans la vieille maison où le Dr. SCHWEITZER commença ses travaux en 1913), contemplant de temps en temps la vue panoramique de ce pays si pittoresque, la grande rivière Ogoué parsemée de toutes petites pirogues et la verdure flamboyante des alentours.

Le but de ce livre est :

1° Montrer le Principe Unique dialectique, universel, simple et pratique de la science et de la philosophie, de toutes les grandes religions et de toute la civilisation de l'Extrême-Orient ;

2° Sa technicité biologique, physiologique, médicale, éducative, sociologique et logique ;

3° Surtout sa médecine ;

4° Comme le principe de la liberté infinie et de la paix éternelle.

Le Principe Unique de l'Extrême Orient est extrêmement simple et extraordinairement pratique, tout le monde peut le comprendre et le pratiquer dans la vie quotidienne. C'est la logique dialectique universelle. C'est la conception-constitution de la vie et de l'univers. C'est un compas universel très pratique.

L'orientation de la vie, d'après ce compas, est la foi. Et cette foi, contrairement à la foi telle que « *credo quia absurdum* », est, intérieurement, une clairvoyance qui voit tout à travers le temps et l'espace infinis et, extérieurement, l'amour universel qui embrasse tous les antagonismes jusqu'à ce qu'ils deviennent complémentaires les uns les autres et distribue la joie éternelle à tout le monde et pour toujours. C'est la foi qui envoie la montagne d'ici jusqu'à la mer. Et c'est la vérité qui vous donne toute liberté infinie, bonheur éternel et justice absolue.

Après la publication de mon premier livre en français (« Le Principe Unique de la Science et de la Philosophie d'Extrême-Orient », chez Vrin, à Paris, il y a déjà vingt-six ans), j'ai toujours travaillé dans la même direction. Mais j'ai quitté le Japon pour toujours vers la fin de ma soixantième année (octobre 1953), pour voir mes amis et des grands hommes dans tous les pays du monde, qui comprendront le Principe Unique, cette dialectique pratique.

J'espère qu'on le connaîtra, comme l'art de l'arrangement des fleurs (voir « Le Livre des Fleurs », chez Plon, à Paris), la médecine chinoise (« l'Acupuncture », chez Le

François) et la théorie du Judo (voir le « Livre du Judo »,
Sekai Seihu, Tokyo), que j'ai importé en Europe il y a 35
ans.

Si je n'ai pas fait connaître en premier le Principe
Unique, c'est tout simplement parce qu'il était trop difficile pour la compréhension du public occidental.

Jusqu'à la fin de ma vie je serai toujours en voyage
avec ma femme qui vous montrera des plats macrobiotiques guérissant toute maladie. Nous sommes entièrement à votre disposition. Envoyez-moi toutes vos questions et toutes vos objections, je vous y répondrai le plus
rapidement possible.

G. OHSAWA.

En la Station de la Mission protestante
d'Andéndé (A.E.F.), le 18 janvier 1956.

CHAPITRE PREMIER

INTRODUCTION : La médecine ou la foi ?

Lorsque GULLIVER se trouvait dans les Iles des Lilliputiens, il s'amusait beaucoup et se moquait un peu de la fausse conception du monde de leurs habitants, de leur ignorance et de leur force si petite. Mais quand il se trouva au pays des Géants, il dut se moquer ou déplorer sa propre force si petite, son ignorance, sa fausse conception du monde et, enfin, son arrogance infiniment stupide.

J. Swift, l'auteur de cette histoire, voulait nous avertir d'être toujours modeste, humble et humilié et qu'on doit toujours s'efforcer d'apprendre de n'importe qui et de n'importe quoi, de ce qui est petit et insignifiant, ou, au contraire, de ne pas avoir peur de ce qui est grand et surprenant.

On peut le comprendre plus ou moins facilement, dans ce monde physique et relatif des formes, des couleurs et de poids, etc., mais pas dans le monde mental et spirituel. On se trompe très souvent, même dans son propre pays (par exemple : l'estampe japonaise n'était pas

du tout appréciée dans le Japon moderne et elle était surtout destinée aux jeunes filles et aux enfants, jusqu'à ce
que les frères GONCOURT et le professeur FENOLLOSA en
fassent connaître la grande valeur artistique. Ils les
avaient découvertes fortuitement en ouvrant des paquets
de thé, dont elles servaient d'emballage).

La même erreur a été commise vis-à-vis du Judo, de
l'art d'arrangement des fleurs, du Haikai, de la médecine,
etc.

La médecine de l'Extrême-Orient est, non seulement
en Europe mais même en Extrême-Orient, européanisé, la
science la plus mal connue de la culture orientale. C'est un
monde tout-à-fait inconnu pour la plupart des Occidentaux et il est rare de rencontrer des Orientaux qui puissent vous en expliquer la signification et l'importance.

Je voudrais être votre guide-interprète pour y péné-
trer et la parcourir en profondeur.

Si vous y pénétrez seul, sans être muni d'un interprète
compétent (ce qui est extrêmement difficile à trouver),
voua ne verrez pas ce qui est intéressant et vous en sor-
tirez très fatigué et désappointé.

En Extrême-Orient, il y a au moins plusieurs écoles de
médecine. En Europe, il n'y en a que deux ou trois.

La médecine Ayurvédique, qui date de plus de 5.000
ans, est pratiquée par des centaines de mille médecins.

L'homéopathie compte un peu moins de praticiens,
deux ou trois cent mille.

La médecine chinoise, qui date de plus de 4.000 ans, compte au moins deux cent mille médecins.

L'allopathie est pratiquée par cent cinquante mille médecins.

Il y a encore plusieurs thérapeutiques : la médecine arabe, la naturopathie, l'acupuncture, la moxation, la bio-chimie, l'ostéopathie, la chiropractie, la palmopathie, la thérapeutique spirituelle, etc., etc.

Toutes ces formes de médecine sont vivantes et prati-quées.

L'homéopathie est d'origine allemande, mais complè-tement transformée par les Hindous.

La chiropractie a été entièrement remaniée par les Japonais.

Toutes les autres sont des sciences dérivées des tradi-tions de l'Extrême-Orient.

Les degrés de la médecine se développent dans l'ordre suivant :

7° *Médecine suprême*

   (La médecine suprême est une technique éduca-tive, biologique, physiologique et dialectique, pour faire découvrir tout seul au malade la constitution-conception de la vie et du monde. Elle guérit non seulement toutes les maladies actuelles et à venir définitivement, mais aussi tout malheur)

6° *Médecine philosophique*

   (Médecine de la pensée, du penser et du jugement).

5° *Médecine socio-morale éducative*
   (La médecine qui établit la santé, la liberté et la justice de la société)

4° *Médecine macrobiotique*
   (L'art du rajeunissement et de la longévité)

3° *Art de la santé*

2° *Médecine prophylactique*

1° *Médecine symptomatique*

En Extrême-Orient, il y a des milliers d'années, la médecine évolua de la médecine symptomatique perfectionnée à la médecine parfaite, de la prophylaxie à l'art de la santé «yogique » (ou religieux), de l'art de la santé à la macrobiotique merveilleuse, de la macrobiotique à la médecine de la société, de la moralité, de la politique et de l'éducation. La médecine de la société (la philosophie de CONFUCIUS est un des exemples de cette catégorie) s'est fusionnée enfin à la médecine philosophique. Puis elle a été absorbée et est devenue une partie de la constitution-conception de l'univers (Les Védas, l'Hindouisme, le Brahmanisme, le Jaïnisme, le Bouddhisme, le Taoïsme, le Shintoïsme, le Christianisme, l'Islamisme, etc.).

Le but essentiel de toutes les grandes religions est de conduire l'homme vers la béatitude, c'est-à-dire vers l'infinie liberté, la justice absolue, le bonheur éternel, par les enseignements philosophiques, méthodiques et pratiques du Principe Unique ou de l'ordre de l'univers.

C'est pourquoi ceux qui ne font des recherches qu'au niveau du premier plan « symptomatique » des médecines chinoise, indienne, japonaise ou arabe, aboutissent seulement au labyrinthe des herbes, des écorces, des serpents, etc.

La médecine symptomatique est la plus élémentaire et la plus rudimentaire, elle est semblable partout. Elle veut guérir la maladie (ou plutôt les symptômes) à tout prix, même par des techniques magiques, sans jamais considérer si ces techniques sont immorales.

Mais, en Extrême-Orient et en Afrique, la médecine avançait.

La médecine des indigènes de l'Afrique prétend être basée sur la plus haute conception de la vie et de l'univers. Bien que son expression soit si primitive (LEVY-BRUHL l'a baptisée « mentalité primitive », « magie noire », ou la chose « la plus incompréhensible » du monde pour les occidentaux), elle est une forme très utile pour ces indigènes qui n'ont aucun besoin des lettres, de la religion ou de la philosophie, puisqu'ils sont des grands enfants de la Mère Nature et plus favorisés que nous autres pour conserver leur vie primitive.

André GIDE a bien dit : « Moins le blanc est intelligent, plus le noir lui paraît bête ».

Je vais vous montrer la nouvelle orientation à suivre pour étudier la médecine de l'Extrême-Orient et celle de l'Afrique. Mais vous devez marcher pas-à-pas, fermes et solides. Au fur et à mesure vous pourrez voir un nouvel horizon, mais cela sera toujours grâce à votre propre marche et non pas grâce à moi. Je ne suis qu'un compas qui vous montre l'orientation correcte. Tout dépend de votre intelligence ou compréhension.

Si vous voulez savoir combien les sciences mathématiques et d'applications pratiques étaient avancées il y a des milliers d'années en Extrême-Orient et en Afrique, vous devez lire les Bios ou quelques comptes rendus sur la culture de l'âge des Pharaons.

Dans les premiers jours du printemps, on voit la verdure de tous côtés dans la campagne. Il y a de nouveaux germes. Certains d'entr'eux deviennent des herbes et finissent leur vie en quelques mois. D'autres deviennent de petits arbres qui meurent en quelques années. Enfin quelques-uns, peu nombreux, sont destinés à devenir de grands arbres qui vivent des centaines et des milliers d'années. Il en est de même dans la médecine.

Parmi les formes de médecine de l'Extrême-Orient, la plupart sont comme les petites herbes. Il faut les distinguer des végétaux qui croissent très haut vers le ciel et qui correspondent à la médecine Ayurvédique et à la médecine chinoise. Toutes les autres médecines peuvent se développer jusqu'à la médecine prophylactique ou macrobiotique, mais pas plus loin.

Si vous faites quelques pas, pourtant, dans la première étape de la médecine Ayurvédique ou Chinoise, c'est-à-dire dans l'étape symptomatique, vous vous égarerez très facilement parce qu'il y a une grande quantité de médicaments qui sont extraordinaires par leurs effets parfois immédiats et d'apparence miraculeux. Mais tous ne sont que des palliatifs.

Pour trouver la médecine qui guérit profondément et une fois pour toutes, vous devez chercher la septième étape de la médecine : la constitution-conception de l'univers, la médecine suprême, telle que RUSKIN l'a esquissée dans son « Unto this last ».

Il ne faut pas rester dans la première étape symptomatique.

Dans leur essence, toutes les médecines de l'Extrême-Orient sont unifiées: la conception-constitution de la vie, qui n'est pas autre chose que la matrice de toute la civilisation la plus élevée, toute philosophie la plus profonde et de toutes les grandes religions de l'Extrême-Orient.

Mais, la mentalité de ceux qui ont suivi cette grandiose conception est, en général, tout-à-fait incompréhensible pour les occidentaux qui l'appellent « mentalité primitive », ou tout simplement « superstitieuse ». Cela même par de grands savants, tel que Lévy-Bruhl.

Les occidentaux s'efforcent de trouver la vérité dans les détails par des techniques analytiques, le centre sur la périphérie disséquée.

C'est pourquoi je vais vous guider dans la voie qui va de la plus haute conception de la médecine vers la plus basse. Une fois cette profondeur comprise, vous pourrez comprendre tous les arts, toute la civilisation, toutes les religions y compris le christianisme, toute la mentalité de l'Extrême-Orient.

Récemment il m'a été demande de critiquer un long article sur le Japon d'aujourd'hui, écrit par un journaliste français de premier ordre et publié dans l'un des grands hebdomadaires illustrés parisiens. Voici ma réponse : « Cet article est très exact et très vrai dans tous les détails concernant la vie des Japonais actuels ; mais ce n'est qu'une image de la robe d'une femme, dont on veut voir à quel point elle est charmante, intellectuelle et d'un esprit profond. On ne peut pas voir l'esprit japonais dans cet article et si l'on ne voit pas l'esprit, on ne peut comprendre ! »

J'ai lu de nombreux essais et beaucoup de livres européens à propos de la vie et des pensées des extrême-orientaux. Ils étaient tous superflus, ridicules, sinon absurdes, sauf quelques-uns.

Parmi divers livres sur le Bouddhisme, le Taoïsme, les Gitas, le Yi-King, le Shintoïsme, la civilisation, la culture ou la philosophie de l'Extrême-Orient, les grands penseurs de l'Inde, je n'en ai jamais vu un seul qui ait réussi à esquisser l'esprit extrême-oriental.

Quelques occidentaux s'efforcèrent de traduire le Yi-King mot-à-mot. D'autres, des livres de la pharmacopée chinoise, les formules, les quantités des médicaments, alors que celles-ci n'y sont pas indiquées puisque la maladie est individuelle. C'est un peu comme si on traduisait la musique de Beethoven par des ondes sonores filmées, ou Goethe par des mathématiques.

Je ne puis pas exprimer combien cela est absurde et très regrettable.

J'espère que vous comprendrez mieux que ces écrivains, après avoir bien compris l'esprit des extrême-orientaux à travers ma nouvelle interprétation de la constitution-conception de la vie et de l'Univers, ou le principe unique de la science et de la philosophie de l'Extrême-Orient.

Je vous offre là une des clefs du Royaume des Cieux, avec laquelle vous pourrez ouvrir n'importe quelle cloison secrète dans la civilisation extrême-orientale et qui est presque tout-à-fait oubliée, même par les Orientaux, au cours de milliers et de milliers d'années.

Il y a un grand nombre d'auteurs, des religieux en particulier, qui prétendent que la maladie peut être guérie par la foi.

Quelle relation y a-t-il entre la médecine et la foi ?

Est-ce une magie ? Ou une superstition ?

Le Dr. Alexis CARREL était tout-à-fait convaincu qu'il y a des guérisons miraculeuses parmi des croyants des miracles de Lourdes.

La médecine d'aujourd'hui ne nie pas qu'il y ait d'in-nombrables merveilles dans le fonctionnement humain, inexplicables par ses propres connaissances, bien qu'elles puissent paraître très développées. Mais ceux qui la pra-

tiquent, ceux qui insistent sur l'importance et la supériorité de la foi, n'en peuvent expliquer eux-mêmes le mécanisme.

Celui qui ne sait pas le mécanisme de son avion, ne
peut pas être un bon pilote; on ne peut pas avoir confiance
en lui.

Croire en telle personnalité ou en telle technique, est
de la superstition. C'est une mentalité primitive, enfantine
ou d'esclave. Telle croyance ou confiance aboutit très souvent à une tragédie. Telle foi n'a aucune raison, c'est une
simple sentimentalité, c'est le synonyme de l'ignorance.
La foi qui guérit, c'est la foi sentimentale et elle n'est pas
la vraie foi. (Voir le chapitre IV à propos de la foi).

Dans ses six premières étapes, la médecine peut être
une superstition, une acrobatie ou une ignorance, si ceux
qui la pratiquent ne connaissent pas la conception de la
vie et de l'univers. Mais il y a tant de médecins qui ne peuvent pas expliquer beaucoup de phénomènes pharmaco-
logiques ou physiologiques (pourquoi l'adrénaline
change-t-elle le mouvement cardiaque ? — Pourquoi As
est-il considéré comme si efficace depuis l'époque
d'Hippocrate ? — Pourquoi l'aspirine fait-elle baisser la
température ? — Qu'est-ce que l'automatisme cardiaque ?
— Quel est le mécanisme de la sédimentation sanguine,
examen simple que les médecins utilisent fréquemment ?
— Quel est le mécanisme de l'antagonisme entre les deux
systèmes végétatifs des nerfs ortho-sympathiques et para-
sympathiques ? — Quel est le mécanisme des phéno-

mènes antagonistes qui se produisent sur le coeur et l'estomac par l'un ou l'autre de ces deux systèmes ? etc., etc.).

Tout cela est mystérieux ! Mais beaucoup ont confiance dans telle médecine empirique, c'est donc une superstition moderne.

La médecine purement empirique qui s'occupe uniquement des recherches des « Devil's bullet », médicaments ou poisons, directs et immédiats et qui agit par tâtonnements aveugles, est une médecine symptomatique expérimentale très rudimentaire et une superstition.

Si, par contre, la médecine est munie d'un compas qui indique toujours la bonne orientation, soit la constitution-conception de l'univers, elle pourra se développer dans le bon sens.

Les études médicales doivent être commencées par la conception de la vie et de l'univers.

Chose curieuse, beaucoup de ceux qui prêchent la puissance de la foi et les guérisons miraculeuses de Jésus et des grands bouddhistes, absorbent les médicaments achetés dans les « Drug Stores » et se font traiter dans les hôpitaux de la médecine empirique et symptomatique. Pourquoi donc prêchent-ils de l'importance et de la supériorité de la foi ? Tout ce qu'ils prêchent de la foi est juste et exact, mais ils ne savent pas ce qu'est la foi. Ils ne sont que des phonographes. Ils doivent apprendre tout d'abord que la foi est la connaissance de la constitution-conception de l'univers, qui est la clairvoyance qui voit tout dans le temps et dans l'espace et l'Amour qui embrasse tous les antagonismes pour les rendre complémentaires, distribuant la joie éternelle.

Je vais vous montrer l'identité de la foi et de la médecine supérieure.

CHAPITRE II

UNE CLASSIFICATION PRATIQUE, DIALECTIQUE

> «The fundamental principles of Christianity have to be proved true by reasoning and by no other method... «
>
> Dr. A. SCHWEITZER.

Une classification pratique, fondamentale et universelle est indispensable pour qu'une science soit pratique, utile et fertile. Le Principe Unique (la constitution-conception de la vie et de l'univers de l'Extrême-orient) n'est, en réalité, qu'une méthode de classification dialectique pratique et universelle, accessible à tout le monde, qui embrasse tout ce qui existe dans l'univers et l'univers lui-même. C'est un monisme absolu, bien qu'il apparaisse dualiste au premier abord. La double polarisation du principe permet une classification en deux catégories antagonistes, applicable dans n'importe quelle science, technique, action ou philosophie, pour traiter et résoudre des problèmes difficiles.

Toute la science et toutes les études humaines philosophiques, psychologiques et sociologique d'aujourd'hui montrent leurs nouvelles tendances à établir un monisme qui soit réel et pratique.

Chose curieuse, beaucoup s'acharnent dans leurs études sans savoir qu'ils sont dualistes en réalité.

1° Des matérialistes qui insistent sur le monisme matérialiste sont, en réalité, convaincus qu'il y a la matière et l'esprit. Ils sont partis de l'antagonisme fondamental entre la matérialité et la spiritualité. Donc, ils sont dualistes.

2° Des pacifistes sont partis de l'antagonisme entre la guerre et la paix.

3° Des médecins se sont occupés de la fabrication des «devil's bullet» pour anéantir tous les facteurs qui font souffrir l'humanité. Ils se posent en ennemis de ces facteurs, c'est-à-dire qu'ainsi ils sont eux-mêmes des ennemis de ces facteurs, donc, ils sont dualistes.

Presque tous les religieux s'efforcent de différencier l'homme de Dieu, au lieu de les identifier. Et Satan et Dieu...

Le psychosomatique, ou l'école freudienne par exemple, est une nouvelle confession des dualistes.

Presque tous les savants-chercheurs scientifiques et culturels d'aujourd'hui sont, au fond, consciemment ou non, des dualistes. C'est pourquoi tous les problèmes ne sont pas résolus, mais, au contraire, se multiplient de plus en plus. Tous les professionnels, y compris les politiciens, les éducateurs et tous ceux qui luttent pour anéantir le mal ou pour augmenter le confort, sont dualistes.

La dichotomie de DESCARTES fut le premier grand pas vers le monisme. On l'admire. On reste dualiste dichotomique. Qu'il fasse un pas de plus !

Le dualisme est exclusif, égocentrique. Ses armes sont destructives, analytiques, brutales, tandis que le monisme est constructif, synthétique, unifiant. La vie elle-même est toujours productive, unifiante, sociale, tandis que c'est le contraire pour la mort.

Le Principe Unique est, d'une part, une méthode analytique, mais, d'autre part aussi, une classification pour unifier. Il peut donc être appelé le Principe de Grande Unification.

Le Principe Unique range toutes choses en deux catégories antagonistes : Yin et Yang, d'après les sages chinois; « Tamasic » et « Rajasic », d'après les saints indiens.

Ce sont, en réalité, deux complémentaires indispensables l'un à l'autre, comme l'homme et la femme, le jour et la nuit. Ce sont les deux facteurs fondamentaux opposés qui créent, animent, détruisent et reproduisent à nouveau tout ce qui existe dans l'Univers.

Ceux qui sont composés davantage de force Yin que de force Yang, sont appelés « Yin » et dans le cas contraire, « Yang ».

Donc il y a Yin et Yang dans une gamme infiniment variée.

Du point de vue physique, ce qui est plus riche en eau (toutes les autres conditions étant égales) est Yin, tandis que l'inverse est Yang.

Du point de vue chimique, les composés riches en H, C, Li, As, Na, etc. sont plus Yang que ceux qui en contiennent moins et qui sont riches en d'autres éléments: K, S, P, 0, N, etc.

Bref, Yin et Yang sont toujours relatifs. Il n'y a aucune chose absolument Yin ou absolument Yang dans ce monde. « A » peut être Yin vis-à-vis de « B », mais « A » peut être « Yang » vis-à-vis de « C ».

Toutes les caractéristiques des choses et des faits dans cet univers sont en fonction de la proportion et du mode de combinaison des éléments Yin et Yang, qui ne sont que des produits des deux forces fondamentales antagonistes.

En d'autres termes, tous les phénomènes et tous les caractères des choses sont des productions influencées par ces deux forces fondamentales : la force centripète Yang et la force centrifuge Yin.

D'après le Principe Unique, toutes les choses peuvent être classées dans une des deux catégories opposées et puis coordonnées d'après la proportion respective des constituants Yin et Yang.

La force centripète Yang est productrice des phénomènes suivants :

Chaleur (donc activité des composants moléculaires).

Constriction, pesanteur (donc tendance à descendre).

Formes aplaties, basses, horizontales.

Au contraire, la force centrifuge Yin :

Froid (ralentissement du mouvement des composants).

Dilatation, expansion (donc tendance à monter).
Légèreté (monter dans un milieu donné).
Formes agrandies, hautes, dans le sens vertical.

La FORME et la COULEUR

Tout ce qui existe dans cet univers a une forme, une couleur et un poids caractéristiques.

La forme allongée dans le sens vertical est Yin, par rapport à la même forme placée horizontalement, qui est Yang, celle-ci étant sous l'influence de la force Yang-centripète et celle-là sous la force centrifuge Yin.

L'esthétique définit une certaine forme rectangulaire perpendiculaire comme la plus esthétique, sans en connaître la véritable raison et simplement d'après un jugement sensoriel, mais cela peut s'expliquer par le Principe Unique.

Dans la forme rectangulaire esthétique, la force Yin domine quantitativement, ce qui symbolise plus ou moins la tranquillité ou la stabilité. En effet, dans tout ce qui est bien esthétique, la force Yin domine la force Yang (nous l'étudierons plus tard dans la dialectique de l'Extrême-Orient).

La FORME

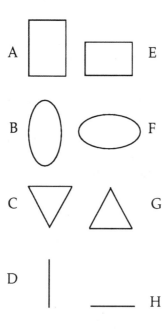

A, B, C et D sont des formes verticales, c'est-à-dire qu'elles sont dominées par la force centrifuge.

E, F, G et H sont horizontales, c'est-à-dire qu'elles sont dominées par la force centripète.

Deux par deux, ces formes sont de même surface géométrique mais elles sont antagonistes, l'une est Yin et l'autre Yang.

En particulier, les antagonismes entre C et G, D et H sont très accentués.

Dans la forme C, divisée au milieu en deux par une ligne horizontale, vous voyez à la partie supérieure trois fois plus de force centrifuge que de force centripète à la partie inférieure.

D et H, Yin et Yang, superposés forment une croix.

C et G, la croix judaïque : ce sont des symboles sacrés.

Le poids

Ce qui est plus lourd est davantage sous l'influence de la force centripète Yang, que ce qui est plus léger, ou la force centrifuge domine. Plus une chose est lourde, plus elle est Yang. Plus elle est légère, plus elle est Yin.

La couleur

La classification des couleurs est facile.

La couleur devant laquelle vous vous sentez le plus chaud et celle devant laquelle vous vous sentez le plus froid, sont les deux extrémités Yang et Yin. Le reste se trouve entre ces deux extrémités. Tout le monde le connaît : ROUGE, orange, jaune, vert, bleu, indigo, VIOLET. C'est l'ordre naturel des couleurs que l'on voit dans le spectre de la lumière du soleil diffractée par un prisme ou dans l'arc-en-ciel. Cela peut être vérifié par la thermométrie.

Vous pouvez maintenant distinguer le Yin et le Yang de toutes choses dans l'Univers, d'après la forme, la couleur, la chaleur, le froid et le poids.

Vous pouvez classer la lumière et les différentes radiations d'après la longueur des ondes. Plus les ondes sont longues, plus elles sont Yang (rouge, infrarouge) et plus elles sont courtes, plus elles sont Yin (violet, ultraviolet).

Toutes les autres caractéristiques biologiques, physiologiques, physiques et logiques comme le tropisme, la composition chimique, la répartition géographique et bio-écologique des produits naturels et leurs facultés d'adaptation, etc, peuvent être distingués en Yin et Yang par les trois caractéristiques fondamentales, sans employer aucun instrument ni méthode analytique.

De la même manière, vous pouvez classer la maladie, les microbes et tous les facteurs qui produisent la maladie.

Exerçons-nous un peu à discriminer : « Quels sont les légumes et les fruits les plus Yin ? » Cherchez et notez votre réponse sur une feuille de papier avant de lire la mienne, si vous voulez fortifier sérieusement votre discrimination pratique.

Ce sont : l'aubergine, la figue, le raisin rouge, le chou «rouge» (en réalité violet), le germe de la pomme de terre, les oranges sanguines, le sucre (canne à sucre), etc. Tous sont, soit extérieurement, soit intérieurement, bleutés ou violacés. Tous sont très riches en K et vitamine C, qui sont très Yin.

Pour vérifier qu'ils sont très Yin, vous n'avez qu'à en manger un peu plus qu'à l'ordinaire, tous les jours pendant une semaine. Vous verrez qu'au fur et à mesure vous deviendrez plus Yin. C'est ainsi que chez deux sujets soumis aux mêmes autres conditions diététiques, celui qui aime et mange continuellement de ces produits est frileux et n'a pas de résistance contre le froid, en comparaison avec celui qui n'en mange pas.

Si vous en donniez tous les jours à un de vos enfants, vous le verriez devenir de plus en plus Yin (inactif, frileux, silencieux...) et s'il était tuberculeux (maladie Yin), vous le verriez mourir bientôt.

Si vous en donniez tous les jours à une femme enceinte, vous verriez, dans l'espace de quelques semaines sinon de quelques jours, l'accouchement laborieux et prématuré. C'est que, très souvent, l'enfant serait mort-né.

Les personnes qui sont stériles, celles qui sont sujettes à l'accouchement prématuré ou celles qui n'ont aucune issue, sont le plus souvent celles qui aiment de tels aliments en particulier. Les enfants qui louchent, boitent, sont myopes ou n'aiment pas apprendre, sont victimes de telle alimentation.

La dépopulation d'un pays ou d'un territoire producteur de fruits (riches en K et vitamine C) est donc très naturelle.

Les aliments nous donnent la vie et la vitalité, mais ils peuvent nous tuer très facilement si nous en prenons dans de mauvaise proportions et avec une préparation défectueuse.

Je peux vous donner une prescription diététique meurtrière d'après laquelle vous pourriez vous tuer vous-mêmes en quelques jours en consommant des plats très délicieux ou ordinaires. De même, vous pourriez agir ainsi sur quelqu'un de très fort et en bonne santé, dans l'espace de quelques jours ou de quelques semaines, sans être jamais soupçonné et sans faillir, au contraire, comme avec un pistolet.

A l'inverse des précédents, sont Yang les aliments de couleur rouge ou jaune: la viande et tous les produits de l'hémoglobine (rouge), les poissons, les oeufs, la vitamine D, etc. — Ils sont riches en Na par rapport aux K.

La meilleure proportion de K/Na étant 5, tous ceux qui ont un rapport supérieur à 5 sont Yin et tous ceux inférieurs à 5 sont Yang. (Riz = 4.5, pomme de terre 512, banane 840, orange 570, pamplemousse 390.6). Vous voyez qu'on peut tuer très facilement par les quatre derniers.

Mais comment peut-on définir le K (Yin) et le Na (Yang) ?

Je les ai définis quantitativement et qualitativement par la méthode expérimentale agricole, biologique, chimique, physique, physiologique et surtout spectrosopique. Na peut être considéré comme un représentant ou un indicateur du groupe Yang et K, des éléments Yin. La fonction K/Na est très pratique, puisque Na et K se trouvent dans presque toutes les compositions chimiques, mais ils ne sont que deux indicateurs des deux groupes d'éléments (ce qui est très limité dans l'application et il y a donc, en fait, beaucoup d'autres facteurs).

De l'eau

Tous les autres composants étant égaux, ce qui est riche en eau est plus Yin que ce qui est sec. Quantitativement, l'eau est le composé le plus important de notre corps, mais, en excès, elle peut diminuer notre vitalité, puisque cela signifie la diminution du sang (anémie). Elle baisse la température de notre corps, qui fournit moins de nourriture à nos cellules. D'autre part, elle fatigue les reins et le coeur, qui doivent travailler beaucoup plus qu'auparavant.

Ce qui contient davantage d'eau est plus mou. Cela signifie moins de force centripète, constrictive et plus de force centrifuge. L'eau s'évapore sans cesse, puisqu'elle est dominée par la force centrifuge. En général ceux qui sont très actifs boivent beaucoup plus d'eau que ceux qui ne le sont pas. C'est très naturel, puisqu'ils perdent l'eau en activités ardentes et qu'ils ont soif. Ceux qui ne sont pas très actifs et boivent beaucoup, deviennent Yin, de plus en plus frileux, inactifs, paresseux, timides et faibles.

Si vous donnez de l'eau à un grain de céréale sec, qui ne contient en général que 13 % d'eau, il se gonfle, se décompose (Yin) et le germe (Yin) pousse (Yin) pour devenir une plante. Toutes ces activités sont Yin (expansion). Vous êtes plus calme quand il pleut, mais vous vous sentirez beaucoup plus actifs et heureux quand il fait beau et encore davantage si vous êtes rhumatisant. Cela signifie que les rhumatismes sont une maladie Yin. Vous pouvez donc la guérir facilement en diminuant l'eau à boire ou tout ce qui est riche en eau. Mais si votre malade est gourmand de sucre ou de plats sucrés, cette méthode n'est pas toujours suffisante, puisque dans notre corps le sucre se transforme en eau et en CO_2 qui, tous les deus, diminuent le taux des éléments Yang et augmentent énormément la fonction K/Na.

Il y a beaucoup de naturistes végétariens et pacifistes qui aiment la vie simple et naturelle. Mais ce qu'ils aiment et admirent le plus, c'est toujours le sucre ou quelque chose de sucré artificiellement par le sucre chimique industriel et commercial, qui est le meurtrier n° 1 sans égal dans l'histoire de toute l'humanité.

Le sucre chimique et industriel est différent du sucre naturel, qui contient tous les minéraux, les protéines, les graisses et les vitamines nécessaires pour maintenir notre vitalité. Le sucre industriel manque entièrement de tous ces éléments. De plus, il contient beaucoup de produits chimiques très nuisibles. Le sucre est la véritable fleur du mal que la civilisation industrielle moderne a importée dans les pays macrobiotiques de l'Extrême-Orient et d'Afrique. Il est beaucoup plus meurtrier que l'opium ou les guerres, en particulier pour ceux qui mangent du riz comme aliment principal.

A l'époque de Jésus, de Bouddha et de Lao-Tsé, il n'y avait pas ce poison chimique et industriel, c'est donc naturel qu'ils n'en parlent pas. Mais s'ils étaient nés parmi nous, aujourd'hui, ils nous mettraient tout d'abord en garde contre ce poison.

La composition chimique

Vous pouvez distinguer maintenant Yin et Yang dans tous les aliments, ainsi que dans tous les êtres ou objets et phénomènes, d'après leur couleur, forme, poids et composition hydrique. Vous pouvez confirmer leur qualité par la méthode dite scientifique ou analytique, en consultant le taux de K-Na dans des tables analytiques ; mais cette méthode est assez grossière et pas très exacte. En effet, le taux K-Na peut varier beaucoup entre plusieurs exemplaires de la même plante. Celui de l'extrémité supérieure et celui de l'extrémité inférieure d'une carotte est tout-à-fait différent.

La répartition géographique

Tout ce qui se trouve dans la région froide, tout ce qui se produit et pousse plus facilement dans les pays plus froids, est Yang en comparaison de ce qui s'adapte mieux dans les pays chauds. S'il y a beaucoup plus de diarrhée dans les pays chauds que dans les pays froids, c'est dire qu'il y a beaucoup plus de produits Yin dans les premiers que dans les seconds ; la diarrhée due à la dilatation extraordinaire des intestins (dilatation et expansion sont toujours Yin) causée par des facteurs Yin (physiques, chimiques, physiologiques, biologiques, microbiologiques ou sociologiques) dont le principal se trouve toujours dans les aliments. La cause intime de la diarrhée ainsi comprise, la cure peut être extrêmement facile.

Les peuples des pays nordiques et froids sont toujours plus résistants physiologiquement que ceux du sud (parmi des peuples de l'hémisphère nord), puisqu'ils sont nourris avec davantage d'aliments Yang, qui se produisent plus facilement sous un climat Yin, que les aliments Yin. D'ailleurs, les êtres Yin ne s'adaptent pas facilement à un climat Yin, comme les deux premiers des « Douze Théorèmes » du Principe Unique l'expliquent ; mais c'est le contraire au point de vue intellectuel, esthétique et spirituel. Voici pourquoi les antagonistes sont et ne peuvent être que des complémentaires. Et, en même temps, vous voyez pourquoi les cinq « Grandes Murailles » sont ou ont été construites par les peuples du sud, pour se défendre contre des barbares brutaux et cruels (Yang) venant du Nord (y compris la ligne Maginot).

Les éléphants s'adaptent mieux dans un pays chaud et humide. C'est dire qu'ils sont très Yin. S'il y avait des mammouths dans la Sibérie froide, des milliers d'années auparavant, c'est dire que la Sibérie avait alors un climat tropical.

Le goût

Nous pouvons distinguer Yin et Yang par le goût, ainsi que par l'odeur. En ordre de Yin à Yang, ils sont: chaud ou piquant (comme le piment rouge qui produit une sensation de chaleur, en dilatant fortement nos capillaires et en augmentant la circulation du sang) - acide - doux - salé - amer.

Il ne faut pas oublier que ces goûts sont naturels et non pas artificiels ou chimiques. La douceur du sucre blanc est cent fois plus forte que celle de la pomme de terre douce. Si vous voulez localiser le sucre blanc chimique dans notre liste qualitative des goûts, vous ne le trouverez qu'en dehors de l'extrémité Yin.

CONCLUSION

Vous avez compris maintenant comment distinguer en principe Yin de Yang, mais toutes les méthodes ne peuvent pas être parfaites et leur synthèse étant plus ou moins compliquée pour les débutants, je vous offre une autre méthode très pratique et très simple.

Au point de vue biologique, tous les animaux ne sont que des végétaux transformés (hémoglobine étant une mutation de chlorophylle). Nos conditions physiologiques, psychologiques et même spirituelles dépendent toutes de la nature, de la proportion et de la préparation de la nourriture, ainsi que de la manière de manger. La proportion de Yin et de Yang doit toujours être 5 : 1 – Mais, dans la préparation, des facteurs physiques (chaleur, pression, etc.) et chimiques (sel, eau, etc.) changent ce taux en décomposant, diluant condensant, évaporant, combinant des éléments de la composition originale des aliments. Il est donc difficile de maintenir toujours strictement un 5 : 1.

Une méthode très facile et pratique pour tout le monde consiste à examiner tous les jours vos selles et vos urines, au point de vue couleur, forme et poids. Si votre urine est jaune foncé et transparente, si vos selles sont orange foncé ou brunes et solides en bonne forme, longues et flottantes et de bonne odeur, c'est que l'alimentation prise la veille était bien proportionnée chimiquement et physiquement, au point de vue Yin et Yang. Si leur couleur est trop claire, c'est que le facteur Yin a été ingéré en excès. Une urine jaune, transparente, qui produit des sédiments après une dizaine de minutes, révèle l'existence d'une maladie plus ou moins grave : maladie des reins par excès de calories ou par manque de facteurs Yang. Si elle est très diluée, transparente et abondante, c'est très probablement du diabète. Celui qui doit uriner plus de quatre fois par vingt-quatre heures, est déjà malade : fatigue des reins, affection cardiaque, etc. Celui qui est constipé ou qui va à la selle plus de deux fois, présente déjà des troubles intestinaux plus ou moins graves. Si les selles sont verdâtres et facilement oxydées (noircissement), il y a excès de Yin. Celui qui est en bonne santé, n'a pas besoin de papier de toilette, comme tous les animaux dans la grande nature.

En tout cas, la couleur de vos excréments doit être jaune foncé, très agréable à voir, comme une omelette un peu trop grillée et aussi d'une odeur très agréable. S'ils ont mauvaise odeur, cela indique un mauvais fonctionnement de l'estomac.

La vie est Yang et la mort Yin. Notre vie physiologique et nos activités dépendent entièrement des aliments, qui devraient être tous d'origine végétale. Ils sont Yin vis-à-vis des animaux. La vie et la productivité des végétaux dépendent de leur chlorophylle. Nous mangeons des produits de la chlorophylle qui entre dans l'élaboration de l'hémoglobine, qui intervient à son tour dans la nutrition cellulaire et nous déchargeons tout ce qui ne peut pas être transformé en sang rouge mais seulement en produits orange ou jaune (selles et urine).

En d'autres termes, notre vie physiologique n'est qu'un processus fabriquant du sang rouge hémoglobinique, en partant des produits chlorophylliens. C'est un processus d'élaboration de Yang, à partir de la matière Yin.

La préparation culinaire des aliments facilite cette transformation physique et chimique des végétaux en véritables composés humains grâce aux facteurs Yang (sel, feu, pression, déshydratation). (Voilà la signification et l'importance de la découverte du feu et du sel, la base de la grandeur et de la tragédie de l'humanité, qui différencie l'homme de l'animal). Cette élaboration se fait d'une manière continue dans nos organes digestifs : hydrate de carbone (le plus Yang), par la salive (le plus Yin), protéine par le liquide gastrique et huiles (le plus Yin), dans les intestins (le plus Yang).

Notre vie physiologique est une transmutabilité des couleurs Yin en couleurs Yang. Notre santé, bonheur et liberté dépendent de cette transmutabilité. Que c'est simple ! C'est la vie ! Voici un des grands secrets de la vie ! Oh, la transmutabilité !

Nous avons trouvé la transmutabilité et son mécanisme !

Nous avons trouvé ce qui change, le changeur, le contrôleur, le directeur des productions de tous les films comiques et tragiques du monde de matérialité. Nous pouvons le remplacer. Nous n'avons qu'à nous exercer dès maintenant.

Voici un premier modèle d'exercice. Pour l'aubergine qui est une des plantes le plus Yin, quelle préparation Yang pouvez-vous inventer ? Écrivez votre réponse sur une feuille de papier avant de lire les lignes qui suivent.

Je sais qu'on peut tuer très facilement des tuberculeux avec l'aubergine, la tomate et la pomme de terre, qui appartiennent à la même famille. Jamais je ne les donnerai en salade crue, mais bien cuits à l'eau ou grillés directement sur le feu.

Ce n'est pas assez, vous seriez meurtrier.

Moi, je la donnerai bien sautée...

Bon, c'est un peu mieux, mais vous ne pourrez pas le continuer.

Moi, je la cuirai avec un poisson très Yang et salé, du saumon ou du maquereau, plus d'une heure...

Bon, c'est beaucoup mieux, mais vous ne pourrez pas le continuer longtemps.

Je les coupe en petits morceaux et je les conserve dans de la pâte de soya, de blé ou de riz (pâte tout-à-fait végétale, préparée avec 20 à 80 % de sel et qui se conserve des années, au moins trois ans...).

Bon, bon, c'est la meilleure préparation Yang de l'aubergine, la plus Yin, pour donner aux tuberculeux.

L'aubergine étant très Yin, absorbe la plus grande quantité de Yang, jusqu'au moment où elle perd sa propre qualité sous les conditions Yang tout-à-fait spéciales.

La « DENTIE », dentifrice à base d'aubergine que j'ai inventé d'après les principes de la médecine chinoise, prévient et guérit toutes les maladies de la bouche et des dents, y compris la pyorrhée, miraculeusement.

Toutes les maladies de la bouche, en particulier celles des dents et des gencives, notamment la pyhorrée, sont très Yin, car elles sont essentiellement provoquées par des produits alimentaires très Yin, riches en vitamine C et en potassium. Cela peut donc paraître une erreur d'utiliser l'aubergine, mais je la brûle dans un fourneau spécial pour détruire son Yin et obtenir la quintessence qui forme ou qui crée l'aubergine le plus Yin.

La « DENTIE » est extrêmement Yang. « Plus le front est large et grand, plus grand et plus large est le dos » (4e loi de la conception de l'univers : « Le plus grand avantage accompagne toujours le plus grand désavantage et vice-versa »).

Comme deuxième exercice, je pose la question suivante :

« Comment pourrait-on rendre un chien doux, aimable, calme, patient et un autre très méchant, agité, agressif, irritable, si l'on a deux chiens jumeaux nouveaunés ? »

Réponse : je nourrirai l'un d'une manière tout-à-fait végétarienne, avec 60 % ou plus de céréales et l'autre avec une alimentation carnée (20 à 30 % de viande ou de poisson). Au bout de quelques mois vous verriez une grande différence de caractère entre ces deux chiens jumeaux. Le chien végétarien serait doux, docile, aimable et aime de tout le monde, très patient et très résistant à la fatigue. L'autre serait féroce, agressif, égocentrique, paresseux, moins résistant que son frère. S'ils faisaient une course, le chien non végétarien serait toujours en tête pendant les premiers kilomètres, mais, au-delà, le chien végétarien passerait le premier. S'ils se battaient, ce dernier chercherait à s'enfuir, mais une fois décidé au combat, le chien carnivore devrait s'enfuir, ensanglanté.

De même, dans les compétitions internationales de longue distance, on a pu observer que les forts étaient toujours les plus végétariens.

Les peuples végétariens sont plutôt d'esprit philosophique et religieux, enclins à la méditation, à l'esthétique, à la littérature et à la poésie. Les peuples non végétariens sont, au contraire, très fortement tourne vers le prétendu progrès mécanique et industriel et aussi vers la colonisation.

Mais, la première loi de l'Univers (« tout ce qui a le commencement a sa fin ») est toujours en action dans ce monde relatif. Depuis le commencement, le peuple japonais était végétarien et jusqu'à l'importation de la civilisation occidentale, lors de la guerre russo-japonaise il y a cinquante ans. Grâce à cela, il put surmonter de multiples difficultés et surtout lutter contre la Russie, jusqu'au moment où la révolution éclata dans l'Empire russe. Depuis lors, le Japon s'est occidentalisé, européanisé, puis américanisé assez profondément. Mais certains des grands avantages apparents s'accompagnent en réalité des plus grands désavantages. Les Japonais ont été ainsi déracinés complètement. L'esprit japonais est perdu, ainsi que toute la tradition. Ils se sont laissés, en quelque sorte, coloniser, spirituellement et physiologiquement. Ils devinrent très orgueilleux des deux victoires gagnées par la dernière génération, sans savoir qu'ils étaient devenus très différents de leurs pères. C'est une des raisons pour lesquelles ils furent complètement vaincus et dépouillés de 40 % de leurs possessions territoriales, lors de la dernière guerre mondiale, ainsi que je l'avais prédit. Ils ont reçu là une dure leçon dont il aurait fallu tirer des enseignements. Les défaites peuvent toujours nous apprendre quelque chose, de même que les échecs de toutes sortes et cela d'autant plus qu'il nous manque le « Compas universel », le « Principe Unique » !

CLASSIFICATION DE YIN ET YANG (INN ET YO)

La classification complète de Yin et Yang des éléments, des aliments, de la préparation culinaire, de la constitution et de la construction de l'homme et sa maladie, du traitement, des aliments spécifiques etc. doit être établie à travers les sept étapes du tableau suivant :

I. *Physique :* a) couleur, b) forme, c) densité ou poids, etc.

II. *Chimique :* a) composition $\frac{K}{Na}$ et K-Na, ou $\frac{K}{Na}$ (K-Na), b) pourcentage d'eau, c) Goût : amer - salé - acide - chaud, effet chimique, physiologique, biologique, constrictif ou dilatateur.

III. *Biochimique :* tropisme, auto-trophisme, hétérotrophisme ; effet organique, inorganique, morphologique et psychologique.

IV. *Bio-écologique :* répartition géographique, altitudinale et climatologique.

V. *Historique :* Pays d'origine, adaptabilité dans le temps et l'espace géologique, géographique, biologique et embryologique.

VI. *Idéologique :* valeur économique, biologique, physiologique, médicale, sociologique et morale.

VII. *Jugement suprême :* valeur humanistique, biologique, physiologique, médicale, macrobiotique, sociologique, morale, philosophique.

L'antagonisme complémentaire de Na et K, qui joue un rôle si important dans notre vie physique ainsi que spirituelle, a été découvert par un médecin japonais, Sagen Isiduka, il y a 70 ans. Il guérissait des centaines de milliers de malades condamnés « incurables » et abandonnés. Lorsqu'il mourut, le cortège funéraire avait plus de deux kilomètres.

Je suis son seul successeur pratique à présent. Mais sa découverte étant une nouvelle interprétation biochimique du Principe Unique, qui date de plus de 4.000 ans, j'ai développé sa découverte un pas de plus, de la théorie bio-chimique médicale jusqu'au Principe Unique de la liberté infinie, du bonheur éternel et de la justice absolue, à travers la logique universelle, pour tout le monde.

L'antagonisme complémentaire de Na et K est, en réalité, la clé qui dévoile le grand secret de la vie par le système des nerfs sympathiques, le générateur de toutes nos activités physiologiques et psychologiques. Mais, il y a encore beaucoup d'autres éléments chimiques et facteurs physiques qui jouent un rôle plus ou moins important dans cet antagonisme complémentaire, comme je vous en ai montré quelques exemples. Par conséquent, on ne doit pas trop insister sur cet antagonisme de Na et K, à plus forte raison sur l'importance de K dans la vie, comme quelques physiologistes occidentaux le font.

La vie est extrêmement simple en principe. Elle est créée, animée, décomposée et reproduite par un simple principe dualiste. Mais ce dualisme n'est pas seulement celui de Na et K, il y en a infiniment. Il nous faut unifier tous ces dualismes et trouver le principe moniste qui est le créateur de ces éléments chimiques et facteurs physiques antagonistes et qui les contrôle vers une finalité. Voilà la naissance et la raison d'être du Principe Unique.

Nous n'avons qu'à admirer une telle découverte et la faculté du jugement suprême qui l'a systématisée jusqu'à l'Ordre de l'Univers, il y a 4 ou 5.000 ans.

(Voir «Principe Unique de la Philosophie et de la Science d'Extrême-Orient», Vrin, Paris, 1929).

CHAPITRE III

Le PRINCIPE UNIQUE
de la
SCIENCE et de la PHILOSOPHIE
d'EXTRÊME-ORIENT

La Dialectique Pratique

Comme nous l'avons vu dans le chapitre II, notre Principe Unique est une dialectique, peut-être la plus ancienne. Le plus grand maître de cette dialectique est LAO-TSÉ. En même temps, elle est un monisme polarisable. Cette dialectique, qui est si simple et si pratique, est l'opposée de celle de MARX en son mode d'emploi.

Yin et Yang, thèse et antithèse du Principe Unique, s'unissent l'un à l'autre par complémentarisme. On ne les appelle pas « thèse » et « antithèse », mais Yin et Yang, comme femme et homme, ou le front et le dos, ou la main gauche et la main droite, Au fond, il n'y a aucune pensée opposante.

Le Principe Unique nous demande de voir tous les êtres et tous les phénomènes tels qu'ils sont et de les classer dans une des deux catégories antagonistes Yin et Yang, d'après leur couleur, forme, poids, composition, humidité, tropisme, pays d'origine, etc. S'il s'agit d'un objet minéral et non biologique la classification en est simple et facile. Vous pouvez le faire mécaniquement ou physiquement. Au contraire pour un aliment destiné à un malade ou à vous-même, qu'il soit biologique ou physiologique, vous devez être beaucoup plus réfléchi dans votre jugement, qui doit devenir instantané.

Supposons que vous ayiez une malade sous votre surveillance, votre femme ou votre fille, qui souffre d'une maladie Yin et qui désire fortement manger des fruits. Un malade est souvent égoïste et capricieux, il faut donc donner quelque fruit. Si vous donnez un fruit très Yin, c'est un peu meurtrier. Si vous en donnez autant que votre malade en veut, c'est la torturer ou la tuer complètement. Si vous ne voulez ni la torturer ni la tuer, vous devez choisir un fruit Yang.

Quel sera votre choix parmi des cerises, des figues, des raisins, des oranges, des pommes, des fraises, des bananes, etc. ? Si vous voulez soulager la malade, choisissez les pommes et les fraises qui sont rouges (Yang) et petites (Yang). Le taux K/Na des petites pommes est extrêmement bas. Si vous cuisez les pommes sans sucre, bien entendu, ou mieux, ajoutez-y un peu de sel, c'est mieux.

En Allemagne (pays très Yin), on fait en hiver des « baked » pommes et « apple pie », ce qui fait ressortir au mieux la qualité Yang des pommes.

Ces préparations sont très judicieuses pour exercer au début votre discrimination. Attachez-vous d'abord à classer des objets inorganiques ou des phénomènes, en prenant par exemple un livre de physique : la chaleur, la lumière, l'électricité, l'énergie, la gravitation, la loi de l'expansion des gaz, la grandeur des gouttes d'huile, etc.

Il y a d'innombrables problèmes très intéressants et non encore expliqués sur la nature (de l'énergie, de l'électricité, de la gravitation, etc.). Ils peuvent être résolus l'un après l'autre, à l'aide de la spirale logarithmique du Principe Unique (voir le chapitre IV).

Si votre femme vous demande de choisir entre différentes huiles celle qui est la plus Yang, prenez une pipette et comptez le nombre de gouttes de chaque huile par même volume. Celle qui en donne le plus petit nombre est la plus Yang, car sa force centripète est la plus grande. Vous pouvez alors l'employer pour guérir une maladie Yin.

J'ai exprimé le Principe Unique dans 12 théorèmes physiques à l'usage des débutants. Je vais vous en donner quelques exemples :

1° Tous les êtres, organiques ou inorganiques, ainsi que tous les phénomènes physiques, physiologiques, sociologiques ou psychologiques, sont composés des facteurs Yin et Yang en diverses proportions.

2° Yin attire Yang si Yin est plus grand que Yang et Yin est attiré par Yang si celui-ci est plus grand que celui-là. En effet, Yin et Yang sont complémentaires l'un de l'autre.

3° Yin exclut Yin et Yang exclut Yang (puisque Yin n'est pas complémentaire de Yin, ni Yang de Yang).

11° Yin devient Yang à l'extrémité et Yang devient Yin en excès (ce sont des résultats naturels du théorème 2).

12° Tout être ou objet est Yin à la surface et Yang en son centre (puisque Yang est la force centripète et Yin la force centrifuge).

Les deux dernières propositions sont très importantes et utiles en pratique, vous le verrez d'ailleurs plus clairement au fur et à mesure que vous avancerez dans votre étude.

Le Principe Unique peut se résumer ainsi : « Tout est composé de deux forces fondamentales Yin et Yang ». Elles sont antagonistes en apparence, complémentaires en réalité et correspondent à la force centripète et à la force centrifuge.

Si vous pouviez comprendre cette réalité, rien ne vous serait impossible, puisque vous pourriez contrôler.

C'est pourquoi « I-King » (le plus ancien traité du Principe Unique compilé par Confucius), est appelé « Le Livre des Empereurs » et il traite des moyens d'apprendre le principe de la vie royale ou les « études suprêmes ». C'est pourquoi certains sages ont recommencé à étudier le

« I-King » à partir de l'âge de cinquante ans. En Extrême-Orient on apprenait le Principe Unique dès son enfance.

Le « I » de « I-King » signifie le Principe Unique et « King », le Grand Livre.

La théorie Yin-Yang est simple à apprendre, même pour des enfants qui savent par exemple reconnaître facilement le père et la mère, mais, dans la pratique, il y a parfois des jugements difficiles à contrôler. Cette théorie est comme un compas constitue par les deux symboles Yin et Yang ou ∇ et ∆, au lieu N et S. Il peut être difficile en pratique de contrôler ce compas, comme par exemple celui d'un petit bateau qu'on pourrait appeler «la Vie» et qui danserait, perdu, au plein milieu d'une tempête.

Confucius a avoué : « Je recommence à apprendre l'I (le Principe Unique) à l'âge de cinquante ans. Que je puisse vivre une vie libre, droite et heureuse ! »

« Ah ! mon Grand Livre a été déchiré et s'est détaché trois fois ! » (pendant plus de dix ans d'études acharnées).

Chaque année, en juillet-août, j'ai organisé depuis une vingtaine d'années une « École nouvelle » où l'on apprend, en théorie et en pratique, la méthode pour établir une bonne santé, après le Principe Unique. Les réunions ont lieu soit au bord de la mer, loin des villes et des villages, soit dans un hôtel peu fréquenté ou fermé, dans une station de ski, en pleine montagne. Parmi les nombreux élèves qui y ont participé, nous en avons rencontrés de tout âge et de toutes catégories, depuis l'âge de

3 ans jusqu'à 70 ans, des petits enfants, des écoliers, des lycéens, des étudiants, des instituteurs, des professeurs, des médecins, des politiciens, des pères, des mères, des grands-pères et des grands-mères, parfois même toute une famille avec différents membres de plusieurs générations, etc.

Je leur parle du Principe Unique dans un langage tout-à-fait simple, sans aucune terminologie savante dans la première heure, une fois, pour toujours. Tout le monde me comprend sans difficulté. La théorie et la classification Yin et Yang en une heure. Toutes les réunions ultérieures sont consacrées à des exercices journaliers où tous les participants peuvent poser des questions les uns après les autres, mais doivent aussi répondre le plus vite possible à l'interrogateur. Ceux qui pratiquent le Principe Unique dans la vie quotidienne doivent être très alertes. Aussi, la rapidité d'action et de pensée est-elle une qualité des plus importantes à développer. Au cours des questions et des réponses se développe entre les élèves une stimulation constante qui dure tout au long du séjour dans l'École nouvelle.

Ce sont toujours de jeunes élèves qui gagnent le grand prix dans le dernier concours. Les personnes plus âgées sont quelquefois stupéfaites devant leurs réponses immédiates et judicieuses. Parfois un professeur ou un directeur sont venus me trouver en particulier pour me demander pour quelles raisons ces enfants, plus ou moins mauvais élèves dans les autres écoles, se manifestaient ici d'une manière aussi brillante et dépassaient en quelque sorte leurs professeurs.

Un jour j'ai posé une question :

« Supposez devant vous deux enfants jumeaux tout-à-fait semblables : même âge, même poids, même physionomie, même taille. Comment allez-vous discriminer celui qui est le plus Yin ? »

Un jeune enfant de dix ans lève la main immédiatement en disant : « Je sais ».

Je fus un peu surpris et d'autant plus qu'il était le seul à me proposer une réponse devant des personnes plus âgées et en particulier son propre maître d'école.

Les personnes présentes plus âgées, professeurs, médecins ou autres, étaient tous très étonnés et regardaient ce petit enfant appelé Oogami (10 ans). C'était justement un enfant qui n'aimait pas l'école et qui y était considéré comme l'un des plus mauvais élèves.

La réponse était la suivante : « Professeur, je leur porte à chacun un coup très fort. Le premier qui pleure est le plus Yin. Je suis certain alors qu'il a bu trop d'eau !... »

Un grand murmure d'admiration puis des rires parcoururent l'assistance et comme je réfléchissais quelques instants, l'enfant crut qu'il s'était trompé, mais je lui affirmai que sa réponse était exacte, simple et directe.

A l'école comme à l'université, on donne des conceptions abstraites, des lois souvent inutiles que les étudiants doivent se rappeler mécaniquement, des techniques professionnelles, parfois la grammaire de langues mortes ou de l'éthique ! La prétendue éducation martyrise l'enfant malheureux.

Les animaux ne reçoivent pas d'instruction scolaire ou morale et cependant, par son immoralité, l'homme s'abaisse à une condition inférieure à celle de l'animal. Aussi, il lui faut des lois et des prisons pour garantir sa société.

Mais, à quoi bon déplorer les faits. Même Lao-Tsé, il y a 2.500 ans disait : « Voilà que l'on parle de l'éthique, puisque nous avons perdu notre compas universel ».

L'éthique, comme la liberté, se trouve au fond de l'esclavage et des difficultés ; la morale se trouve au fond de immoralité. L'éthique, ainsi que la liberté, doivent être réalisés par chaque individu pour lui-même. Cela doit être un plaisir immense et irrésistible, ou même une grande joie qui jaillit avec force de la profondeur de notre âme. Mais jamais obligatoire ! Si c'était obligatoire, ou appris, ou emprunté, ce serait un beau nom de l'esclavage.

Comment faire jaillir cette fontaine de grande joie en chaque personnalité ? Par l'éducation. Mais quelle éducation ? La prétendue éducation fut et est toujours souvenance phonographique ou fabrication des professionnels, techniciens, ingénieurs ou professeurs, en masse, c'est-à-dire préparation à l'esclavage.

Pas une seule école, pas une seule université pour le développement naturel de la spontanéité, de la faculté de créer, de l'amour, en un mot de l'instinct. Pourtant, on sait bien la merveille de l'instinct des animaux. Nous avons le même. Si nous pouvions le développer, ou tout au moins le consolider tout d'abord et si nous pouvions apprendre ensuite, quelle joie infinie et jaillissante de la vie nous en aurions !

Nous avons trop négligé l'instinct depuis des siècles. Nous nous sommes trop occupés des études et du progrès de la civilisation matérielle pour notre confort et notre plaisir. Nous avons même un peu méprise notre instinct.

Il y a deux catégories d'éducation : la première est celle qui développe ou plutôt dévoile de plus en plus la suprême faculté innée de notre perception, mémoire, compréhension et jugement, jusqu'à ce qu'elle devienne une clairvoyance qui contemple la constitution-conception de l'Univers. Cette contemplation s'opère à travers tous les phénomènes finis, transitoires et, en réalité, illusoires. Elle est l'amour qui embrasse toutes les choses sans aucune distinction et la joie qui en jaillit éternellement et infiniment, c'est-à-dire la foi.

La deuxième forme d'éducation est celle qui enseigne des techniques et des conceptions mondiales, voilant ou stoppant complètement la qualité innée de l'instinct ou jugement suprême.

Mais, c'est toujours par ceux qui ont été enseignés pendant de nombreuses années de la deuxième manière, que sont commis des délits de toutes sortes tels que l'exploitation des pauvres, les guerres, les bombes atomiques, etc. Des loups ou des tigres n'ont jamais fait des massacres aussi atroces que les engins de guerre modernes.

L'admirable instinct des animaux a été étudié et mis en valeur par quelques écrivains tels que Ceton, Fabre, Jack London, Maeterlinck, etc.

L'homme est très souvent méprisé, négligé ou condamné à cause de son «instinct». Parmi les animaux il n'y a pas un seul Nobel (l'inventeur), ni un Einstein (qui a recommandé l'emploi des bombes atomiques), ni un Oppenheimer (qui a réalisé le plan d'Einstein), ni un Edison (qui a contribue à de nombreuses inventions et qui, lors de son quatre-vingtième anniversaire, déplorait de toutes ses forces le fait « qu'il n'y avait pas un seul homme heureux... malgré tant d'inventions mer-veilleuses... »

Autrefois, l'éducation de tous les Extrême-orientaux était de la première catégorie ; mais, la plupart ont été vaincus et colonisés par des occidentaux. Ceci peut s'ex-pliquer par les deux premières lois de la conception de l'Univers. Les peuples de civilisation Yang dominent la civilisation Yin et les peuples Yin. C'est la loi. D'ailleurs, «tout ce qui commence se termine», même l'éducation de la première catégorie !

Habitués à la paix établie depuis des milliers d'années par le Principe Unique, les Extrême-orientaux en avaient oublié peu-à-peu sa signification et son importance dans la vie pratique et quotidienne.

« Samsâra » ! Tout ce qui commence a une fin, ceci avec une vitesse accélérée. Le commencement et la fin étant toujours antagonistes, la vie pacifique aura tendance à se terminer en tragédie, sinon ce monde serait trop monotone.

Alors qu'il n'est pas nécessaire que le maître soit un professionnel pour la première forme d'éducation, cela est nécessaire pour la deuxième. La véritable éducation, celle d'un être libre, heureux et aimé de tout le monde, commence dès le premier jour de la naissance (ou beaucoup plus antérieurement, dans la période embryologique !) et doit être terminée avant l'âge de 7 ans. Il ne faut pas oublier que c'est pendant les 280 jours avant la naissance que la première cellule (œuf humain fécondé) traverse toutes les étapes biologiques, s'accroissant environ trois billions de fois et comprenant finalement plusieurs trillions de cellules, tandis qu'on ne croît qu'une vingtaine de fois en vingt années après la naissance. Si l'on peut nommer cette période une année biologique où l'on croît de deux fois son poids, c'est trois billions d'années biologiques que l'on passe dans « le palais d'enfant » (utérus, en japonais). Vous êtes donc né prince, ou princesse, le plus aimé, dans le palais.

C'est pendant ces trois billions d'années biologiques que nos caractéristiques sont élaborées. La formation biologique et physiologique est donc beaucoup plus importante que l'éducation reçue depuis la naissance, comme cela a été écrit depuis des milliers d'années par des saints ou des sages de l'Extrême-Orient. Vous pouvez évaluer la différence entre l'éducation des trois billions d'années embryologiques et celle d'une quinzaine d'années après la naissance.

Notre formation mentale étant accomplie à la naissance, l'éducation postérieure n'a pour ainsi dire plus rien à créer. Si quelqu'un paraît réussir grâce à son éducation post-naissance, c'est dire qu'il était ainsi préparé dans ces trois billions d'années biologiques. Si un maître peut former des hommes libres et heureux pour toujours, c'est un magicien. Mais une fois muni du Principe Unique, ce compas universel, vous pouvez réaliser quelque chose de miraculeux. Par exemple : guérir un aveugle, un sourd-muet, ou un aliéné mental. Vous êtes donc un peu magicien.

S'il n'y a aucun besoin d'éducateurs professionnels dans la première forme d'éducation, par contre, tous les pères et toutes les mères doivent être de vrais éducateurs, c'est-à-dire des êtres libres et heureux. En réalité, un vrai éducateur est tout-à-fait suffisant pour des millions d'êtres et pour de nombreuses générations. Cet homme possède la liberté infinie, le bonheur éternel et la justice absolue. Lao-Tsé, Jésus, Bouddha, Mahavira, Nagarjuna, Asanga, etc. nous en connaissons au moins une douzaine et de nombreux nous restent inconnus. Ils sont tous aventuriers, spéculateurs. Ils passent une vie très occupée. Ils n'ont pas le temps d'enseigner. Le contraire est éducateur professionnel. Tout le monde suit, ou au moins veut suivre ou imiter les aventuriers et les spéculateurs. S'il y en a quelques-uns qui ont renoncé à les suivre ou à les imiter en apparence, ils sont au fond très désireux de les suivre, puisque tout le monde a soif de liberté.

Si toutes les écoles et les universités étaient fermées ou détruites, il n'y aurait pas moins d'hommes libres et cela serait très économique. Si l'on est très sympathisant pour les écoles, que l'on en bâtisse beaucoup. Il y aura beaucoup plus d'esclaves-professionnels et, bientôt, de nombreux révoltés qui, tôt ou tard, pourront faire une révolution.

Si vous voulez établir un centre qui soit très actif pour rendre une société meilleure, il faut créer une petite école et réunir une douzaine d'enfants ou d'étudiants qui ont été condamnés comme inférieurs aux autres. Vous passez au moins six ans avec eux, en pratiquant jour et nuit le Principe Unique, en théorie et dans la vie quotidienne. Vous pourrez alors donner à la Société des hommes libres.

L'idéal de l'éducation en Extrême-Orient est le « Zen » (en chinois), « Zin » (en japonais), qui n'est pas autre chose qu'un homme muni du Principe Unique, le Jugement suprême, la constitution-conception de l'Univers. Et l'éducation est le synonyme de la vie libre. Dans une telle école, cela va sans dire qu'il n'y a pas de «leçons» à apprendre, ni d'examen de mémoire, mais il y a un travail intérieur qu'il faut soutenir d'une manière continue de jour et de nuit, pour les étudiants comme pour le maître.

Le caractère idéographique chinois du mot « Zen » est composé de deux parties qui représentent l'homme et le

Principe Unique. Celui-ci est symbolisé par deux lignes horizontales et parallèles, dont la supérieure représente le ciel ou le Yin, l'expansion ou la force centrifuge et l'inférieure, la terre Yang, contraction ou la force centripète. L'homme est symbolise par les deux lignes obliques, l'une longue (Yin), l'autre courte (Yang). Tout ensemble cela signifie « l'homme » armé par le Principe Unique.

Les études du Principe Unique de la science et de la philosophie de l'Extrême-Orient, la constitution-conception de l'Univers, s'appellent « Do » au Japon, « Tao » en Chine, « Yoga » aux Indes; ces trois noms signifiant « la Grande Voie » (l'infini, l'éternité, l'absolu). La marche dans cette voie s'appelle « gyô » en Chine et au Japon, « yogi » aux Indes. Le caractère chinois de « gyô » est composé de deux parties :

L'une est « Zen » ou « Zin », l'autre est un couple de deux lignes verticales symbolisant des jambes en marche Le « gyô », ou l'étude pratique du Principe Unique, est une marche perpétuelle, inlassable et forcée pour la réalisation du « Soi », ou le suprême jugement (le « Zen » ou le « Zin »).

Toute école extrême-orientale est une institution privée. Il n'y a aucun facteur, ni aucune arrière-pensée idéologique, ni matérialiste ni spiritualiste. On y mène une vie simple, naturelle et laborieuse, mais on lutte de toutes ses forces pour émanciper notre suprême jugement emprisonné, enchaîné et aveuglé. C'est le véritable « vivere parvo » depuis très tôt le matin (2 ou 3 heures du matin dans les temples bouddhistes), jusqu'à tard dans la nuit, sans chaussures ni chaussettes, même dans la neige ; on dort sur le sol avec une seule et mince couverture ; on est habillé très légèrement ; on mange très peu, une fois par jour ; on fait des travaux dans les plantations ou dans les montagnes, le nettoyage des temples, etc. La vie y est très silencieuse mais pleine d'activité, même sans feu, par les froids extrêmes de l'hiver et les grandes chaleurs de l'été. Enfin, le Maître vous pose très fréquemment des questions.

Après quelques années, le Maître ordonne parfois à l'un de ses disciples choisi parmi les meilleurs, de voyager, sans bagage ni argent, pour mener pendant quelques années une vie indépendante de ses amis et de ses parents, en soignant des malades, en aidant des faibles et en développant constamment sa suprême qualité de jugement. Le but de ces épreuves est la recherche de la perfection.

J'ai essayé plusieurs fois ma méthode sur de pauvres enfants dits « arriérés mentaux » ou « idiots ». Nous avons constaté beaucoup d'amélioration et même des développements étonnants. Dans quelques instituts où ma méthode diététique a déjà été adoptée depuis deux ans, certains de ces enfants sont devenus relativement géniaux (le génie et l'idiotie, les deux opposés, peuvent donc se rencontrer !).

La physiologie étant fondamentale de la psychologie, il paraît donc naturel de pouvoir guérir des maladies mentales par la diététique. (Voir la fin du chapitre VII, à propos d'un cas de schizophrénie.)

Nous allons voir encore quelques exemples se référant à la chimie et à la biochimie.

Exemple 1. — Pourquoi l'oxygène (O_2) et le gaz carbonique (CO_2) peuvent-ils facilement se fixer sur l'hémoglobine (Hg) et s'en détacher, tandis que l'oxyde de carbone (CO) une fois combiné avec celle-ci s'en détache difficilement ?

Réponse : L'hémoglobine a la propriété de fixer l'oxygène (O^2) au niveau des poumons, puis la libère pour fixer le gaz carbonique (CO_2) au niveau des cellules. C'est grâce à cette propriété spéciale de l'hémoglobine que les cellules de notre corps peuvent recevoir l'oxygène à tout moment. On peut donc les localiser à une ligne en accord avec l'ordre de l'Univers, Yin-Yang : Yang Δ -- CO_2 -- Hg --O_2 -- ∇ Yin. Δ signifie l'extrémité Yang, ∇ l'extrémité Yin. CO_2 étant plus lourd que O_2 et la différence entre CO_2 et O_2 étant C, qui est Yang d'après l'étude spectroscopique de mon premier livre en français « Principe Unique de la Philosophie et de la Science d'Extrême-Orient, Ed. Vrin, Paris, 1931 », sa longueur d'onde étant supérieure à celle de O, sa force centripète est plus grande où CO_2 doit être localisé, sur le côté gauche de Hg et O à sa droite. La distance séparant CO_2 de Hg doit être égale à celle de Hg à O_2. Ainsi on peut localiser Hg au milieu de CO_2 et O_2. On peut même le montrer mathématiquement en divisant par deux la distance entre CO_2 et O_2.

Or, par comparaison, CO est évidemment plus Yang que O_2, de même que CO_2. Donc CO se situe sur la gauche de CO_2, il est par conséquent le plus Yang des quatre éléments envisagés. De plus, la distance CO-Hg est plus grande que celles $Hg-O_2$ et $Hg-CO_2$:

$$CO - CO_2 - Hg - O_2$$

Ceci peut être confirmé par différentes propriétés de ces trois gaz, comme la conductivité des ondes sonores.

Ceci compris, on peut chercher par quels moyens obtenir la séparation de CO combiné à Hg. Ils seront nombreux ! On peut utiliser un isotope de O_2 ou des rayons plus Yin qui se fixent très facilement à CO et non à Hg. Le choix sera décide empiriquement au laboratoire.

Si l'on ne connaît pas la conductivité des ondes sonores de Hg, on peut la déduire provisoirement en prenant la moitié de la somme des ondes de ces deux conductivités de CO_2 et O_2.

Exemple 2.— Pourquoi les lois de la conservation de la masse et de l'élément sont-elles devenues invalides ?

Réponse : cela tient à ce qu'il n'y a aucune chose invariable en ce monde relatif, d'après la constitution-conception de l'Univers !

La loi de la conservation de la masse et de l'élément ne peut pas être acceptée par les véritables extrême-orientaux. Lorsqu'un oriental traditionnel apprend pour la première fois de sa vie des lois de la science occidentale, il est très choqué à chaque pas, puisque ces lois paraissent trop dogmatiques et trop rigides.

Ces deux lois fondamentales étant démolies, la chimie a perdu ses armes les plus puissantes : les analyses qualitatives et quantitatives. C'est pourquoi il y a tant d'incertitudes parfois tragiques dans la chimie et par conséquent dans la pharmacologie, l'industrie chimique, l'industrie alimentaire, l'agriculture, etc. Toutes ces branches avaient été basées sur la chimie moderne qui prétendait avoir la justice scientifique, logique et définitive. Elles ont été et sont encore dépendantes de la chimie qui n'a, en réalité, aucune fondation concrète et logique. Ces deux lois fondamentales de la chimie n'étaient, au fond, qu'une illusion ou une spéculation. C'était un relativisme.

Le reste des lois fondamentales de la chimie qui sont contre le Principe Unique seront démolies et périront les unes après les autres très prochainement

Exemple 3. — Qu'est-ce que l'affinité chimique ?

Réponse : On a discuté beaucoup à propos de l'affinité. On voulait la définir mathématiquement par le pouvoir de réaction chimique ou ionique des éléments.

Aujourd'hui on a abouti à la loi d'action et de réaction de Lechatelier. D'après cette loi nous n'avons qu'à changer un ou plusieurs facteurs physiques (température, pression, proportion, etc.) pour avoir une réaction donnée.

Les chimistes sont arrivés par tâtonnement à contrôler quelques réactions réversibles comme dans les cas suivants :

(I) $N_2 + 2H_3 \rightleftarrows$ $2NH_3 + 12.500$ Cal.-g. et

(2) $N_2 + O_2 \rightleftarrows$ $2NO - 43.200$ Cal.-g.

Dans le premier cas (I) (la synthèse de l'ammoniac), il y a la chaleur qui se dégage et dans le deuxième cas (2), au contraire, il y a une absorption de la chaleur. On ne sait pas pourquoi, on ne veut pas savoir le pourquoi. Par tâtonnement on trouve les meilleures conditions et moyens pour obtenir une synthèse ou un fractionnement. On ne veut pas savoir pourquoi une réaction produit la chaleur et l'autre l'absorbe. Et plus on étudie profondément, plus la question se complique, elle se ramifie indéfiniment.

On doit employer tous les moyens analytiques, mathématiques, énergétiques, électroniques... Enfin, on trouve quelques principes provisoires que l'on solidifie et déifie... et on aboutit un jour à une grande contradiction... On refait tout C'est un grand détour... C'est un peu comme chercher le centre par des périphéries déchirées, ou faire un voyage dans les ténèbres, à l'aveuglette, sans compas et sans connaître sa destination. Pourquoi ne cherche-t-on pas en premier lieu et de toutes nos forces un compas universel ? En sachant que N (nitrogène) et O (oxygène) sont Yin et que H est leur antagoniste Yang, bien des recherches pourraient être grandement simplifiées. Si l'on connaissait seulement les deux premiers théorèmes du Principe Unique, on pourrait déjà dire que la synthèse entre un élément très Yin et un autre très Yang, est beaucoup plus facile que la synthèse entre deux éléments Yin ; car Yin et Yang s'attirent l'un l'autre, tandis que Yin et Yin ou Yang et Yang s'opposent.

Les scientifiques dépendent entièrement de la logique d'induction et celle dichotomique ou kantienne et de la théorie tout-à-fait fausse de l'empirisme anglais. Voilà le pourquoi !

Mais tout dépend de notre faculté de jugement, qui n'est pas du tout inductive ni empirique. La théorie de l'empirisme étant simple et paraissant vraisemblable s'emparait de savants tels que Locke, Darwin, Malthus ou autres qui étaient très travailleurs, mais simplistes et ne s'occupaient que du monde de la relativité et de la matérialité.

L'empirisme domine la science moderne et, par conséquent, toute la pensée de l'Occident. Voilà la cause ultime de toutes ces confusions, hésitations, chutes continuelles des lois fondamentales les unes après les autres, de cette grande tragédie des bombes atomiques et de la gigantesque mécanisation de la civilisation, qui fait de l'humanité un Frankenstein sans conscience ni moralité.

Cet empirisme s'est emparé de tous les simplistes et les a transformés en non-penseurs, mécanisés ou esclaves.

L'empirisme, la logique inductive, la logique formelle, ces trois grands instruments les plus fondamentaux de la civilisation moderne forment une trinité née de la matrice maladive : l'ignorance complète du mécanisme de perception, mémoire, compréhension et jugement. L'empirisme insiste sur le fait qu'on peut apprendre par expérience. C'est plus ou moins vrai extérieurement et superficiellement et pour autant que cela concerne ce monde de relativité, mais pas du tout vrai logiquement, une fois entré dans le monde absolu.

Tout d'abord, dans la perception il y a plusieurs facteurs :

1° Le phénomène (qui s'est produit lui-même d'un mécanisme extrêmement compliqué).

2° L'organe sensoriel, qui reçoit l'image ou des rayons émis par le phénomène ou des ondes électroniques projetées par l'organe et retournées.

3° Le système des nerfs, transmetteur-récepteur de ces ondes électroniques.

4° L'écran parlant et téléviseur des billions et des billions de cellules cérébrales.

5° Ce qui regarde, lit, écoute cette vision sur l'écran et la comprend, juge et donne une réponse ou commande nécessaire immédiate ou bien la garde enregistrée.

6° La mémoire, etc.

Mais on ne sait rien du tout de ces facteurs. La physiologie du système sensoriel et du centre de sensorium est encore un continent des plus ténébreux. Ni la fonction, ni la construction, ni le mécanisme de ces cellules pyramidales ne sont explorés.

Surtout, qu'est-ce que la mémoire de laquelle dépendent notre connaissance et notre jugement tout entier ? La mémoire est tout un mystère pour l'empirisme, ainsi que pour la théorie inductive.

Pour induire, nous devons avoir une machine très compliquée, oui, mille fois plus compliquée que le cerveau électronique artificiel : cybernétique. Si vous pouviez substituer à notre cerveau une cybernétique, comment pourriez-vous la loger dans des dimensions aussi limitées qu'en celles de notre tête ?

Théoriquement parlant, la cybernétique est tout-à-fait étrangère en mécanisme à notre tête ou à notre mémoire. La cybernétique est physique et finie, tandis que notre mémoire est spirituelle et infinie.

Mais l'induction elle-même, une fois munie du compas universel, sera très utile.

L'infini est la mémoire. Pour comprendre ceci jusqu'au fond, on doit pratiquer « gyô » au moins dix ans, très strictement.

CONCLUSION

En tous cas, nos sens sont des instruments destinés au monde de relativité et matérialité et pas du tout au monde absolu ou de spiritualité. Le monde relatif (et tout ce qui s'y trouve) est limité, fini, éphémère, transitoire, encadré dans le temps et dans l'espace. A plus forte raison, toutes les lois induites de leurs rapports. Si vous voulez trouver une chose éternelle et surtout quelques lois éternelles, vous devez les chercher dans le monde infini. illimité et éternel, adoptant une autre machine merveilleuse dite « imagination », qui est un autre nom de la mémoire.

Si vous voulez appeler ce monde fini, limité, transitoire et illusoire, « le monde irréel » et ce monde infini, illimité et éternel « le monde réel », toutes les conceptions et toutes les lois de ce monde relatif sont « irréelles » et faux-brillants. Ceux qui croient et ceux qui ont confiance dans les faux-brillants doivent se trouver, tôt ou tard, dans un monde chaotique ou tragique.

Mais la science est désireuse d'employer des instruments qui fortifient de plus en plus nos sens. Qu'elle retrouve l'importance et la vraie signification de l'autre machine merveilleuse dite «imagination», (les lunettes magiques) qui peut, elle seule, visionner ce monde réel, infini, absolu et éternel. Que l'on retrouve que la spiritualité n'est pas du tout l'ennemie de la matérialité, mais au contraire son complément indispensable absolument l'un à l'autre, comme la femme et l'homme, le front et le dos et le commencement et la fin. La matérialité et la spiritualité sont jumeaux de l'infini.

Lao-Tsé dit :   «L'un produit les deux,
              (l'un et les deux font trois)
              Et ce sont ces trois
              qui produisent tout...»

L'Un symbolise la matrice, l'infini, la Mère Éternelle, la Virginité Éternelle. Les deux jumeaux, les deux pôles antagonistes et complémentaires, produisent tout sous la direction de la Vierge Éternelle. Si vous croyez vraies, réelles et infinies ces images que vous visionnez dans ce monde relatif, vous vous trompez.

En conclusion, je vous donnerai une autre explication exemplaire plus matérialiste :

Dans la réaction synthétique ou décomposante, on doit distinguer avant tout des éléments Yin et des éléments Yang. Il n'y a que trois sortes de réactions que vous puissiez envisager :

1° △ X ▽ (élément Yang avec élément Yin) ;

2° △ X △ (élément Yang avec élément Yang) ;

3° ▽ X ▽ (élément Yin avec élément Yin).

Dans la deuxième et troisième réaction, on peut réaliser la réaction voulue par deux moyens antagonistes : l'un avec un ou plusieurs facteurs Yang, l'autre avec un ou plusieurs facteurs Yin, tous deux très forts. Mais dans la première il y en a quatre :

(a) naturelle et spontanée, immédiate ou avec un temps plus ou moins long (on peut le contrôler) ;

(b) avec les moyens Yin ;

(c) augmentant la quantité de l'élément Yin ;

(d) augmentant la quantité de l'élément Yang. Dans les réactions (a) et (b) vous obtiendrez un produit Yang ou Yin. Dans la réaction (c) vous obtiendrez un produit Yin et dans la réaction (d) un produit Yang. Toute réaction dépend des divers facteurs chimiques, physiques, biologiques (microbiens, catalytiques), biochimiques, électriques, électroniques, vitaminiques, etc., etc., etc.

Tous les phénomènes physiologiques, biologiques, psychologiques, spirituels et sociologiques ne peuvent échapper à ces réactions fondamentales. Surtout dans la thérapeutique, vous pourrez utiliser toutes ces réactions pour obtenir des résultats miraculeux.

Une question chimique que vous devez résoudre et me répondre pour montrer comment et combien profondément vous avez compris le Principe Unique :

Qu'est-ce que «x (C_5H_8)» ? Quelle forme aurait cette composition chimique ?

Quels facteurs produisent cette composition dans la grande nature ?

Comment pourriez-vous la produire par une synthèse chimique d'après le Principe Unique ?

CHAPITRE IV

ORIGINE DE L'HOMME
Qu'est-ce que la maladie ?

Depuis l'âge de seize ans jusqu'à vingt ans, j'ai lutté pour me sauver de la tuberculose pulmonaire et de l'ulcère gastrique, ainsi que de beaucoup d'autres troubles. Ensuite, pendant quarante ans, je me suis attaché à guérir des milliers et des milliers de pauvres malades.

Je décidai tout d'abord de m'attaquer au grand mystère de la Vie et de l'Univers et de trouver tous les secrets de la santé et de la maladie, du bonheur et du malheur.

En face de ces questions si difficiles, si compliquées et si profondes, je fus obligé de commencer par une question qui paraissait plus ou moins simple : l'origine de l'homme, laissant, comme Descartes, toutes les autres questions de côté.

Au bout d'une vingtaine d'années de recherches acharnées, je trouvais une clef très curieuse, une spirale logarithmique biologique, physiologique et logique. Les

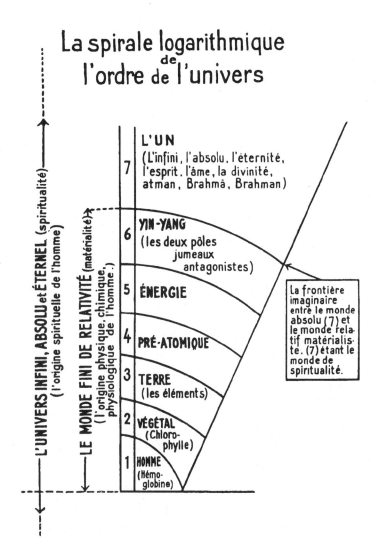

La spirale logarithmique de l'ordre de l'univers

7 — L'UN
(L'infini, l'absolu, l'éternité, l'esprit, l'âme, la divinité, atman, Brahmâ, Brahman)

6 — YIN-YANG
(les deux pôles jumeaux antagonistes)

5 — ÉNERGIE

4 — PRÉ-ATOMIQUE

3 — TERRE
(les éléments)

2 — VÉGÉTAL
(Chlorophylle)

1 — HOMME
(Hémoglobine)

L'UNIVERS INFINI, ABSOLU et ÉTERNEL (spiritualité)
(l'origine spirituelle de l'homme)

LE MONDE FINI DE RELATIVITÉ (matérialité)
(l'origine physique, chimique, physiologique de l'homme.)

La frontière imaginaire entre le monde absolu (7) et le monde relatif matérialiste. (7) étant le monde de spiritualité.

recherches furent longues, mais la découverte extrêmement simple.

Je cherchais tout d'abord l'origine physique, chimique, biologique de notre corps, réservant pour la suite toute la question psychologique et spirituelle.

Depuis l'âge de 18 ans, j'avais étudié la médecine de l'Extrême-Orient, qui me sauva complètement à l'âge de 23 ans, alors que j'avais été abandonné par la médecine occidentale moderne

Dès lors, je concentrais mes études sur la philosophie de la médecine de l'Extrême-Orient et la technique de la science macrobiotique et de la science du rajeunissement. En conséquence, mes recherches ont été orientées en particulier vers la théorie et la pratique de la nutrition.

Celui qui mange existe !

Celui qui mange peut penser, parler, agir, aimer, haïr, se disputer, attaquer l'un ou l'autre, tuer et se marier.

Celui qui ne mange pas ne peut rien faire, il doit disparaître.

Ni Bouddha, ni Jésus ne pouvaient venir en ce monde et y prêcher sans nourriture. Tous les phénomènes biologiques, physiologiques et même mentaux et sociaux ne peuvent apparaître dans un pays sans nourriture.

L'homme, comme tous les êtres, est une transformation des aliments.

Mais, que sont les aliments ?

C'est un autre problème très difficile à expliquer. Je l'ai attaqué de mon mieux durant de nombreuses années.

Ma première découverte diététique fut que tous nos aliments avaient une origine végétale et sont produits de la chlorophylle. L'animal ne peut donc exister sans le végétal. Nous ne pouvons pas digérer des matières inorganiques pour en produire des protéines, des hydrates de carbone, des graisses, des vitamines, etc. synthétisant et vitalisant des éléments inorganiques, autotrophisme ! Le végétal absorbe des éléments inorganiques et les transforme en aliments organiques très compliqués de composition et de construction.

C'est un véritable miracle, hétérotrophisme !

Le végétal travaille sans arrêt à produire des grains, des tubercules, etc., pour nourrir les animaux. Le végétal se transforme en animal ! Le végétal est la mère de tous les animaux. Si nous éprouvons un sentiment de tranquillité très agréable en nous promenant sous les vertes frondaisons d'une forêt, c'est que nous nous sentons un peu comme un bébé embrassé et caressé par sa mère.

L'homme est le prince des animaux. Tous les animaux sont créés pour nous servir ou nous distraire, mais nous n'avons aucun besoin de nous nourrir de produits animaux ou de leur viande (sinon pour le plaisir). Le plaisir a toujours une limite: le sucre par exemple entre autres est cancérigène à une certaine dose.

Biologiquement parlant, nous sommes enfants de la Mère végétale et après le végétal. Sans végétal, pas d'animal sur la terre. Nous dépendons des produits végétaux.

Notre hémoglobine n'est qu'un dérivé de la chlorophylle. Tous les aliments végétaux sont la matière vierge pour maintenir ou construire notre corps.

La viande des animaux et tous les produits animaux ne sont pas de la matière vierge pour nous. Nous devons nous nourrir, en principe, avec des végétaux et leurs produits directs. C'est la loi biologique et fondamentale.

Si nous sommes obligés de prendre et de nous nourrir avec des aliments animaux, par suite de conditions climatiques ou économiques, nous ne devons les prendre qu'en quantités minimes et avec des précautions spéciales pour les désanimaliser ou végétaliser, avec un art culinaire délicat. Anatomiquement parlant, d'après les dents et les intestins, l'homme est végétarien.

Pourquoi dépendre des animaux inférieurs ?

Dépendre de supérieurs est normal et logique. Le contraire est une exploitation, c'est un capitalisme.

L'exploitation des inférieurs et des faibles aboutit toujours à la chute de l'exploiteur.

Pourquoi nous nourrissons-nous du lait des animaux ? En Chine et au Japon (et même aux Indes) les peuples ont vécu une vie très heureuse, très pacifique et très longue, sans se nourrir eux-mêmes avec du lait animal et cela depuis des milliers et des milliers d'années. Même à présent, ces peuples qui sont plus d'un milliard, boivent du thé sans y ajouter de lait (ni de sucre).

Ils vous paraissent sentimentaux ou honteux d'être frères ou sœurs de lait des veaux ou des chevreaux, mais ce n'est pas exact. Ils le sont parce qu'ils connaissent la loi biologique dictée par la constitution-conception de l'univers.

Le lait de vache est destiné à la nourriture des veaux et à la formation de leur constitution, y compris leurs caractéristiques fondamentales.

Il n'y a aucune raison pour que l'homme se nourrisse avec le lait d'un animal, lequel lui est très inférieur biologiquement et intellectuellement.

En Extrême-Orient existe une éducation biologique magnifique : l'éducation embryologique que la mère doit observer très strictement quand elle est enceinte et pendant qu'elle nourrit son bébé. Ensuite, c'est l'éducation physiologique que les parents doivent rigoureusement faire observer au nouveau-né. La nourriture d'un nouveau-né est celle de la mère elle-même. Sa santé, ses activités, sa mentalité, ses pensées, son alimentation, sa personnalité, ses lectures, sa nourriture en particulier, doivent être strictement en accord avec la constitution-conception de l'univers : le Principe Unique. Si la mère n'a pas de lait à donner à l'enfant, le chef de famille doit trouver une femme qui a du lait et un enfant du même âge. Pour choisir cette nourrice, on doit connaître tout ce qui la concerne : son histoire et celle de son mari, de sa famille, de ses parents, de ses grands-parents, sa personnalité, ses activités physiques et intellectuelles, sa fidélité, sa beauté physiognomonique et surtout les caractéristiques astrologiques. On ne doit jamais adopter une mère étrangère muette, sourde, aveugle, avare, influençable, maladive et laide. Elle doit être une femme travailleuse et créatrice, intelligente et morale. Il ne viendrait pas à l'idée d'adopter une mère nourrice ne présentant pas ces qualités.

D'ailleurs, après la dentition et dans le monde entier, aucun animal ne se nourrit, ni dépend du lait de sa mère ou de sa mère adoptée, ni d'une autre espèce d'animal. Le lait est la nourriture indispensable des animaux avant la dentition. Même les vaches, même les chiens, ne permettent jamais à leurs petits de se nourrir de lait après la dentition, jamais, aucun animal !

L'homme sait bien que si l'on se nourrit avec du lait et du pain trempé dedans, des œufs ou du chocolat, on devient un « milquetoast » (pain-au-lait) et que la mortalité des enfants nourris artificiellement de lait animal, d'après la théorie de la nutrition moderne, est nettement supérieure à celle des enfants nourris avec du lait humain. Il serait possible d'améliorer la qualité des produits animaux à l'avenir, pour abaisser la mortalité des nouveau-nés, mais il est impossible de transformer le lait animal en lait humain. On ne peut pas violer la loi biologique.

L'engouement pour le lait animal et les produits laitiers est l'une des superstitions modernes, et absurdes, qui dissimule l'appétit de plaisir de nos sens et l'exploitation des inférieurs et des faibles. La théorie de la nutrition qui recommande le lait et ses produits, n'est qu'une publicité payée. Mais, cette superstition-exploitation des sens a un allié très puissant : le capitalisme moderne. La superstition des sens ne peut dominer la loi biologique ; mais le capitalisme peut dominer ou violer la loi biologique, à l'aide de la force économique. L'économique peut dominer ou violer la biologie et même la moralité, très facilement et très souvent. Que le soleil de la suprême faculté du jugement, la constitution-conception de l'univers, monte !

Mais l'attrait des sens est un roi très puissant en ce monde de matérialité. Il est presque inévitable et impossible d'échapper à son influence. Le plaisir des sens nous est permis pour autant que nous restons à l'étape très basse de la faculté du jugement. Je ne suis donc pas absolument opposé aux superstitions de toutes sortes. Vous pouvez admirer tout ce que vos sens apprécient, vous êtes libres, vous en avez le droit. Mais je vous demande de faire de votre mieux pour développer ou dévoiler la suprême faculté de votre jugement. Le bonheur et le malheur de notre vie dépendent seulement et entièrement de notre faculté de jugement. Si vous voulez passer une vie avec la liberté infinie (la santé parfaite, le bonheur éternel (la joie éternelle), et la justice absolue (autorité suprême), il vous faut dévoiler votre suprême faculté de jugement : la constitution-conception de l'univers. La médecine de l'Extrême-Orient est une école où l'on apprend comment développer ou dévoiler cette suprême faculté de jugement, biologiquement, physiologiquement et logiquement.

Le seul défaut que je peux reprocher à la médecine occidentale, c'est le manque de moralité et de spiritualité. Elle veut trouver à tout prix des «devil's bullet» qui détruisent tous les symptômes et cela même au prix de la moralité et de la spiritualité. Muni des médicaments modernes, armé jusqu'aux dents avec toute la technicité chirurgicale moderne, on peut faire n'importe quel mal, violant la loi de la grande nature, c'est-à-dire la constitution-conception de l'univers, pour finir en tragédie. A plus forte raison des lois fabriquées par l'homme.

La médecine symptomatique, c'est-à-dire matérialiste, la plus perfectionnée, unie à l'industrie capitaliste, peut être la plus puissante destructrice de la moralité et de la spiritualité de toute humanité.

Nous sommes fils de la Mère Végétale ; elle se sacrifie elle-même pour nous nourrir. Nous sommes des végétaux transformés. Sans chlorophylle, nous ne pouvons pas fabriquer notre sang, notre vie. Notre mère est végétale. C'est la loi biologique. Si l'on viole cette loi biologique, on aura des difficultés physiologiques, mentales et même spirituelles. Même le simple végétarisme n'est pas suffisant, puisqu'il est réactionnaire et sentimental.

Les Extrême-Orientaux, surtout les Chinois et les Japonais, sont végétariens depuis des milliers d'années. Ils ont trouvé des secrets pour établir la santé physique et spirituelle par le végétarisme, d'après la constitution-conception de l'univers. Ou plutôt c'était une traduction biologique, physiologique et logique de la constitution-conception de l'univers, le Principe Unique. Il est donc très naturel qu'on ait déifié la nourriture : la déesse TOYOUKE, symbole de toute la nourriture végétale, est la plus estimée et la plus populaire au Japon. En même temps, l'art culinaire végétarien est si développé, qu'un Japonais se sent aussi triste que s'il était devenu un cheval, lorsqu'il lui est servi des plats végétariens occidentaux.

Les plats végétariens japonais sont non seulement si appétissants et si admirés des gourmets, mais ils guérissent des maladies présentes et des maladies à venir, les gourmands ou les malades qui les mangent.

Les plats végétariens japonais traditionnels sont macrobiotiques, fortifiants et rajeunissants. Ils sont délicieux et très esthétiques. Ils sont des interprètes de la « Charak-Samhita » (Partie I) et du «Ni- King», Canon de l'empereur Houang, les deux Grands Livres de la médecine de l'Extrême-Orient. Ils sont l'Alpha et l'Omega de la médecine. C'est avec ces plats diététiques et macrobiotiques que j'ai guéri des milliers et des milliers de malades. Ils vous garantissent non seulement la guérison et le rajeunissement, mais le développement de votre mémoire, jugement et par conséquent votre liberté et penser.

Ils guérissent non seulement des maladies physiques, mais aussi des maladies mentales, morales et spirituelles; même idiots, imbéciles, neurasthéniques, constitution paranoïaque, épileptique. Je les ai guéris avec des plats macrobiotiques, simples et délicieux, tout-à-fait végétariens et extrêmement bon marché (un Japonais moyen peut ainsi économiser 50 à 70 % des frais de vie ; c'est dire qu'on peut gagner au lieu de dépenser, en rétablissant sa santé et sa vie).

D'ailleurs, on peut observer mes directives macrobiotiques chez soi. Ma clinique s'appelle « Sanarant » (i. e. Sanatorium-restaurant). Il n'y a aucune salle d'opération, ni de pharmacie. Le centre de ma clinique, c'est la cuisine ; on l'appelle « Atelier de la Vie ». Mes écoles de santé, mes cours de vacances (dans les montagnes lointaines ou dans la campagne) que j'organise de temps en temps périodiquement, ont tous la même composition et la même construction que Sanarant, avec la cuisine toujours au centre.

Au bout de mes recherches d'une vingtaine d'années, je suis tout-à-fait convaincu que l'homme doit être dépendant et fidèle à la grande Mère Végétale ; il doit seulement et entièrement dépendre d'elle. Mais même en observant ceci, vous pourrez vous tromper vous-même en prenant trop. L'excès en quantité est pire que la mauvaise qualité.

La foi

Jésus dit : « La prière et le jeûne guérissent la maladie la plus difficile ». Il guérit tout par la foi, qui n'est pas autre chose que la prière perpétuelle. Et la prière perpétuelle, ou la foi, n'est pas du tout une mendicité. C'est le penser ou la contemplation pénétrante de la constitution-conception de l'univers, l'infini, l'omniprésent, l'omni-potent et l'omniscient. La foi, d'après toutes les grandes religions de l'Extrême-Orient y compris le Christianisme, n'est pas du tout un credo *(credo quia absurdum)*, mais une claire voyance de la constitution-conception de l'univers, à travers tous les phénomènes finis, transitoires et illusoires intérieurement parlant et l'amour qui embrasse tout sans choisir et la joie éternelle, extérieurement parlant.

Nous sommes gourmands, nous mangeons toujours en excès, c'est pourquoi le jeûne est la seule porte ouverte à tout le monde, par laquelle on peut entrer, contempler et jouir de la superbe vue panoramique du monde de la foi. Plus on est pauvre, plus on est proche de cette porte, puis-qu'il y a au moins toujours la faim ; « Vivere parvo ».

Ceci compris, il n'y aura aucune difficulté à guérir des maladies dites « incurables ». Sans savoir ni comprendre cette grandiose conception de l'univers, rien ne vous sera possible. En tout cas, notre mère bien-aimée est le Végétal.

Elle est notre matrice physiologique et biologique.

La Mère Végétale

Mais quelle est l'origine du végétal, notre grande mère biologique ? Tout le monde le sait : c'est la terre — des éléments inorganiques, y compris l'eau et l'air.

Le monde *inorganique* est la vraie mère de ce monde *organique* I (Inorganique ∇, organique Δ).

Voici une interprétation de la loi de contradiction (voir l'Ordre de l'univers, chapitre VI). Les deux premières lois de la Logique Universelle, le Principe Unique (I— « Tout ce qui a le commencement a sa fin ». II. -- « Tout ce qui a le front a son revers »), qui ne sont que le seul « backbone » (l'épine dorsale) de toutes les grandes religions de l'humanité et qui doivent se substituer à la logique formelle kantienne, le « backbone » de la science, de la philosophie et de la civilisation moderne, l'origine de tous les maux d'aujourd'hui, interprètent cette mutation et en expliquent le mécanisme. Nous le verrons un peu plus tard.

Le commencement est le contraire et l'antagoniste de la fin. Le front est l'antipode et l'opposant du revers en ce monde de relativité et matérialité. La joie aboutit à la tristesse à la fin, la vie à la mort, la beauté à la laideur, l'activité à la fatigue, la force à la faiblesse. Tout se finit dans le monde contraire, à la fin et tout est supporté, animé, maintenu et détruit par son contraire-antipodal. C'est la grande loi de la nature que j'appelle l'« ordre de l'univers ». C'est la grande loi si mystérieuse qui domine notre vie en ce monde de relativité (pas dans le monde absolu, éternel et infini). C'est pourquoi Jésus dit : « Aime ton ennemi » (votre opposant). Nous devons être très reconnaissant à notre antagoniste, à notre ennemi, puisque c'est grâce à lui tout seul que nous sommes ce que nous sommes. La joie, la vie, la beauté, l'activité, la force, etc., en un mot « Yang », sont le front de la tristesse, de la mort, de la laideur, de la fatigue, de la faiblesse, etc. le revers... en un mot « Yin », ou vice-versa. Le monde de relativité est dialectique.

Si vous avez compris cette loi dialectique, rien ne vous sera difficile à répondre, juger, supposer, prédire et définir.

Imaginons maintenant ce qu'est la mère de tous les éléments inorganiques, notre chère grande, grande mère. La mère et l'enfant sont antipodes et antagonistes ou Yin et Yang, comme le commencement et la fin, ou vice-versa. Nous avons déjà vu plus haut que l'homme (Yang — avec le sang « rouge », activités perpétuelles et la chaleur-température) est l'enfant direct de la Mère végétale (Yin — avec le sang « verdâtre » dit «chlorophylle», stabilisé et sans température) ; la terre à son tour si Yang, avec la vitesse extraordinaire de la rotation et de la révolution et la chaleur au centre.

La mère des éléments (ou la terre) doit être Yin, puisque l'ordre de la nature est alternatif de l'homme aux éléments : Yang — Yin — Yang... Elle est baptisée avec plusieurs noms : Photon, Electron, Proton, Positron, Neutron, Neutrino, etc. par les savants modernes ; « Li », « Ki », etc. par les sages chinois ; avec plusieurs noms très esthétiques, littéraires et religieux par les Japonais. Mais nous l'appelons par un nom plus moderne : la Pré-élément ou la Pré-atomique. Elle est invisible, insondable à nos sens. Elle est donc Yin.

La mère de la Pré-atomique, c'est Energie, Yang.

La matrice de l'Energie doit donc être Yin. Par une simple spéculation dialectique, philosophique et cosmologique, on peut définir la matrice de l'Energie comme les deux pôles stabilisés mais opposés, les deux extrémités antagonistes Ces deux pôles antagonistes et fondamentaux produisent sans cesse depuis des billions et des billions d'années, jour et nuit, même à présent et pour toujours, les deux forces antagonistes et fondamentales : la force centripète Yang et la force centrifuge Yin. Ces deux forces étant pré-énergiques, on ne pourra pas les sonder avec les instruments matérialistes dont nous disposons à présent.

Mais il est évident que les deux forces antagonistes produisent une spirale logarithmique, un point nucléaire infinitésimal. Le flux pré-énergique étant infini, incessant et universel, il produit des spirales logarithmiques infiniment nombreuses, les accroît et les anime infiniment. Ces spirales entrent en collision les unes avec les autres, pour former des spirales plus grandes ou pour disparaître en se neutralisant et cela dure des trillions de trillions de trillions d'années.

Ces spirales qui ont survécu et s'agrandissent, deviennent l'Energie. C'est la naissance de l'Energie.

C'est une histoire très intéressante et utile, mais nous n'avons pas de temps ici pour l'approfondir. Nous la laisserons donc de côté.

Nous conclurons ici en disant que Yin et Yang sont la main gauche et la main droite de l'infini, créatrice et destructrice, reproductrice de tout.

En tout cas, nous avons vu que le végétal se sacrifie pour nous nourrir et pour devenir l'animal ou l'homme. La terre ou les éléments se sacrifient pour nourrir et devenir le végétal. De même la Pré-atomique, l'Energie et les deux pôles chacun à leur tour.

L'homme doit nourrir et devenir quoi en se sacrifiant ? Cela doit être l'ordre Yin, puisque l'homme est Yang. Mais il y a une gamme infiniment longue de Yin. Quel Yin préférez-vous ? Je ne le sais pas. Je sais que le plus grand Yin est l'infini, notre origine que nous imaginons et que nous visualisons de temps à autre (Si l'infini n'était pas notre origine ou notre nature intime ou notre mémoire ou notre suprême faculté de jugement, il nous serait impossible de l'imaginer).

Si nous reconnaissons et si nous observons cette grandiose constitution-conception de l'univers, cet ordre universel Yin-Yang et nos parents lointains : le végétal, les éléments inorganiques, les pré-atomiques, l'énergie et les deux pôles, surtout leur vie de sacrifice, la réincarnation, pour nous nourrir et pour nous donner la liberté infinie, le bonheur éternel et la justice absolue, nous n'avons aucun besoin d'être malade ou malheureux, blessés ou tués par malfaiteurs ou par microbes ou par accident.

Si l'on meurt d'une maladie ou d'une autre, si l'on est tué dans un accident, cela prouve qu'on a perdu les qualités d'être humain, en violant l'ordre de l'univers depuis des années et des années. La tolérance de l'infini est infinie. Il nous pardonne jusqu'au bout, sans limite. Il ne nous punit pas. S'il nous donne une maladie, c'est une alarme. Nous n'avons qu'à l'écouter pour connaître une bonne orientation. Mais nous efforçons de la tuer ou de la détruire au nom de la médecine.

Celui qui a la foi n'a jamais aucun besoin d'être tué dans un accident, ni, et à plus forte raison, par des êtres inférieurs (des microbes, des virus, etc.), puisque la foi est la clairvoyance de la grande constitution-conception de l'univers à travers tous les phénomènes finis, transitoires et illusoires.

Si vous avez bien compris le mécanisme et la manipulation de cette grande machine universelle, la constitution-conception de l'univers Yin-Yang, vous comprendrez l'identité de votre compréhension avec l'infini, puisque Yin et Yang sont les mains gauche et droite de l'infini ; ce qui juge et ordonne doit être la tête. La tête physique localisée le plus haut, munie de ses yeux, de son nez et de ses oreilles, peut voir plus loin que les mains ; à plus forte raison, la tête infinie, absolue et éternelle de spiritualité, munie de son «radar» et de sa table de télé-écouteur, peut voir beaucoup plus loin, toute infinité et toute éternité, aussi bien dans le passé et le futur, comme dans le présent, que les mains gauche et droite, Yin et Yang et par conséquent peut éviter tous les maux à présent et à venir. Vous pouvez même anéantir ou racheter tous les péchés que vous avez commis dans le passé, puisque, muni de la constitution-conception de l'univers, vous êtes libre et émancipé du temps et de l'espace.

En partant de l'infini, la voie par les deux pôles, l'Énergie, la Pré-atomique, la Terre, les éléments et le végétal, pour arriver à l'homme, est « one way communication ». L'homme est le terminus de la voie. En partant de l'homme, il y a aussi une nouvelle voie « one way communication » (un chemin unique), tout droit vers l'infini. Il n'y a aucune autre communication. Mais, la majorité des hommes paraît essayer de revenir à l'infini par cette voie-ci. Et ils sont tués à mi-chemin, écrasés par le flux dont la vitesse est infiniment grande, l'origine étant l'infini. Ils sont tous ceux qui s'efforcent d'occuper, d'assimiler, de dépendre, d'exploiter des êtres inférieurs (antérieurs, rétrogressifs biologiquement) et des objets terrestres. Ils ignorent qu'ils sont davantage supérieurs à ces êtres et à ces objets, puisqu'ils ont déjà franchi leurs étapes pour devenir homme. Posséder ou dépendre d'êtres ou d'objets inférieurs est rétrograde, c'est perdre les qualifications humaines. D'ailleurs, l'occupation ou la possession est un fardeau et aussi perte de la liberté. Avoir une grande fortune, dépendre de la monnaie, ou des microbes ou des virus (vaccination) ou de la force physique, politique, sociale, financière, intellectuelle, etc. c'est abandonner les qualités humaines, c'est la mort prématurée ou tragique.

Notre corps physique est une organisation de cellules. Chacune de ces cellules est vitalisée et animée par les deux forces antagonistes Yin-Yang, sous la direction de l'infini, à travers le système autonome des nerfs, qui a lui-même les deux sous-systèmes antagoniste : orthosympathique et parasympathique. Et chaque cellule est aussi une organisation très compliquée. Elle est constituée par des millions et des millions d'éléments (des spirales logarithmiques) chargés d'électricité et nourris d'énergie par la nourriture transportée par d'autres cellules appelées sang.

Ceci compris, vous voyez combien cette organisation de l'homme est compliquée. Beaucoup plus compliquée qu'un empire mondial. On l'appelle un micro-cosmos avec raison. Cet empire à une certaine autorité, une force Yang au fond, centripète, constrictive et oppressive, assimilant divers peuples ou organisations faibles et inférieures (des spirales logarithmiques en formation et leurs organisations). Cet empire s'agrandit de plus en plus pour aboutir enfin à l'extrémité où cesse la force centripète, constrictive et oppressive et elle est substituée par la force centrifuge universelle. C'est la chute ou la décomposition soudaine et explosive et tragique d'un empire ou d'une grande organisation. Le monde est dialectique. La qualité est sous l'influence de la quantité. Le monde de relativité et de matérialité est si complexe dans son expression et ses phénomènes... Il paraît comme un chaos anarchique, mais une loi dialectique y règne : Le Principe Unique ou Yin-Yang

Cependant il y a des empires innombrables dans cet univers infini. Les plus hauts empires sont humains, le plus activé et compliqué. Ils sont à l'image de «Dieu» ou l'infini absolu et ils ont donc la plus grande liberté, c'est-à-dire la force centripète qui aime et attire tous les êtres plus petits que lui (antagonistes).

Ce que nous aimons et ce que nous admirons le plus, c'est toujours notre antagoniste qui nous détruit en excès à la fin sans faute. C'est la fatalité. C'est la loi suprême de ce monde de relativité et de matérialité.

Mais, si vous ne voulez pas cette décomposition désespérante, vous n'avez qu'à choisir ce qui vous fortifie et éternise infiniment : ce que la constitution-conception de l'univers, l'infini, vous dicte. Ceux qui se décomposent sont des malades. En ce sens, il n'y a pas une seule maladie dans ce monde, il y a seulement des malades, c'est-à-dire ceux qui ne veulent pas voir l'infini ou qui n'ont pas le suprême jugement dévoilé.

Les maladies sont faciles à guérir.

Même la médecine symptomatique peut guérir les maladies par opération destructive ou par des « devil's bullet ». La médecine macrobiotique a des médicaments vraiment miraculeux tirés des plantes.

Mais il est extrêmement difficile de guérir un malade. Il faut lui apprendre comment devenir un homme libre, comment dévoiler lui-même son suprême jugement, sans aucun instrument et ceci de tout son cœur et de sa volonté la plus profonde.

Une fois muni de cette conception de l'univers, l'infini, on est guéri une fois pour toujours, car l'on possède un compas universel. Avec l'aide de ce compas on peut aller n'importe où, faire n'importe quoi ; on peut manger ce qu'on aime sans en subir de danger.

Défendre de trop manger ou de boire en excès est très facile et bon pour ceux qui ne veulent pas apprendre la théorie profonde et préfèrent suivre et imiter les autres, mais c'est une position négative, comme l'éducation morale ou la loi. C'est bon seulement pour ceux qui sont dépendants, paresseux ou défaitistes.

Mais, la morale, ou la loi la plus parfaite, voilent le suprême jugement de l'homme et en font un « robot ». Pour ceux qui sont plus avares, aventuriers, orgueilleux et ne veulent pas suivre les autres en observant la loi restrictive, il n'y a pas de voie facile. Ils deviennent ou des révoltés ou des « ennemis publics ».

On peut recommander le Principe Unique, la conception de l'univers, la dialectique pratique, la logique universelle, ou simplement le compas universel, aux deux catégories d'hommes, sans danger. Ceux qui appartiennent à la première catégorie seront encouragés à se sauver de l'esclavage ; les autres seront guidés dans une bonne orientation révolutionnaire.

L'homme est un chef-d'œuvre parmi tous les animaux créés des végétaux par l'infini, l'UN, avec tout le concours de tous les cieux, de la Terre-éléments (le troisième ciel), jusqu'au sixième (les deux pôles). On pourrait dire que la création des cinq cieux, du sixième jusqu'au deuxième, sont des études de la création. Mais celle de l'homme est un chef-d'œuvre, la plus perfectionnée et la dernière.

Celui qui est décidé de vivre en accord avec le Principe Unique ou le compas universel à la main, a une vie infiniment libre, est heureux pour toujours et absolument juste. Il peut choisir n'importe quelle vie nouvelle dans la vie à venir, puisqu'il est lui-même le contrôleur-pilote et le moteur de l'infini, le prince de la métempsycose.

Posez la question suivante à vos amis ou à vous-même :

« Voulez-vous vivre une autre vie tout-à-fait identique à votre vie présente et actuelle, depuis le commencement jusqu'à la fin, encore une fois sans aucun changement ? »

Si la réponse est affirmative, cela veut dire que celui qui a répondu est un homme libre, citoyen du septième ciel, l'infini.

Si la réponse était négative, ou si quelques changements si petits soient-ils étaient demandés, cela voudrait dire que le répliqueur n'a aucun besoin d'aller en enfer puisqu'il a vécu, vit et vivra une vie dans l'enfer. (Mais, parmi ceux qui répondent affirmativement, il y en a quelques-uns qui ne sont pas aimés partout et par tout le monde, qui ne sont pas reconnaissants de tout ce qui leur arrive et qui ne peuvent pas rencontrer quelqu'un qu'ils n'aiment pas. Ceux-là sont menteurs, méfiez-vous).

Mais ces sept cieux ne sont pas, en réalité, co-centriques. J'ai mal dessiné, il faut corriger un peu. Ils forment une spirale logarithmique et il n'y a aucune frontière entre ces sept cieux. S'il y en a une entre le septième, l'infini, et le reste, le monde de matérialité, c'est imaginaire et pour raison de convenance. Cette spirale logarithmique montre que notre conception de l'univers est un monisme-polarisable. Son origine étant l'infini, elle a une vitesse infinie. Elle aboutit à l'homme, prince héritier du Royaume des cieux et roi du monde de relativité et de matérialité souvent tragique.

Chose curieuse, on peut résoudre par cette spirale n'importe quels problèmes, non seulement médicaux, mais sociaux, psychologiques, politiques, scientifiques et philosophiques. Je l'appelle donc les «lunettes magiques», ou « la nouvelle lampe d'Aladin ». Voulez-vous que je vous en montre quelques exemples ? Les voici :

1. D'où l'homme est venu ?

Il n'est pas venu de sa mère, ni d'un microbe, ni à plus forte raison du singe. Mais il est venu, cela va de soi, comme vous le voyez dans notre spirale logarithmique, de ses nourritures, qui ne sont que le végétal et ses produits. Il est venu du végétal. Tous les animaux sont venus du royaume des végétaux. Et il y en a beaucoup qui se trouvent à mi-chemin de métempsycose du royaume des végétaux au royaume des animaux : tous les êtres microscopiques, y compris tous nos composants cellulaires, ou les cheveux, ou les ongles. Leur passage est très long, peut-être des centaines de billions d'années. Nous l'étudierons dans l'embryologie de l'homme, plus tard. C'est très intéressant.

2. Lequel est le premier, la poule ou l'œuf ?

Le fameux philosophe Bergson a déclaré cette question absurde et sans solution. Mais il est facile d'y répondre d'après notre spirale logarithmique. Aucun d'eux ne peut être le premier. Tous les deux sont produits en même temps par l'infini, avec le concours des cinq cieux (du deuxième jusqu'au sixième).

3. Qu'est-ce que la maladie ?

La réponse, d'après la spirale logarithmique, est très simple. Epictète dit : « L'homme est heureux, sinon c'est de sa faute ». Mais, il y a beaucoup de gens qui sont malheureux ou se croient malheureux; peu sont d'accord avec Epictète. S'il y en a quelques-uns qui acceptent Epictète, ils ne sont pas très au courant au sujet de leur faute comme cause ultime de leur malheur. Mais je dirai plutôt : « Si l'homme n'est pas heureux, cela veut dire qu'il a violé, consciemment ou non, la loi de la nature, l'ordre de l'univers, la faculté suprême de son jugement étant éclipsée ». Souvent cette éclipse du suprême jugement est produite par l'éducation embryologique, familiale, scolaire ou sociale. Pourquoi donc l'infini omniscient aurait-il préparé tel jugement imbécile pour l'homme ? Puisque l'homme est destiné pour ce monde de relativité où la loi de l'inversion règne : «Ce qui commence se termine». C'est la maladie qui nous guide vers la santé. Si l'on se trompe dans la direction thérapeutique, en adoptant la médecine symptomatique par exemple, c'est là le point de départ, le commencement qui se termine toujours à un point antipodal, le terminus, les principes de la santé, qui n'est pas autre chose que la .conception de la vie et de l'univers.

La maladie est le guide qui nous mène vers la conception de l'univers. C'est l'infini lui-même. C'est pourquoi on ne doit pas détruire ce guide brutalement, par opération cruelle ou par des médicaments chimiques.

(Voir le chapitre VII, à propos de notre jugement.)

Acceptez tout, avec le plus grand plaisir et remerciement !

Acceptez le malheur comme le bonheur, la maladie comme la santé, la guerre comme la paix, l'ennemi comme l'ami le plus intime, la mort comme la vie, la pauvreté comme la fortune... et si vous n'en voulez pas, ou si vous ne pouvez pas le supporter, consultez votre compas, la conception du monde; vous y trouverez la meilleure orientation. Tout ce qui vous arrive, c'est ce dont vous manquez. Tout ce qui vous est antagoniste, insupportable, c'est votre complémentaire. Celui qui n'a aucun antagoniste est celui qui est le plus heureux.

Donnez tout, avec le plus grand plaisir et remerciement !

Donnez, donnez, donnez et donnez, et ceci sans aucune arrière-pensée. Mais, donner ce dont vous avez beaucoup et ce que vous pouvez compenser, n'est pas le véritable don. Donner véritablement, c'est vous défaire de ce qui vous est le plus cher, le plus nécessaire et le plus important : votre vie. C'est donc un sacrifice ? Mais, le mot

« sacrifice » est une des conceptions qu'on admire beaucoup et que tout le monde ne traduit pas toujours en action. C'est un beau mot et très souvent une déception. Je ne vous le recommande pas du tout. Mais je vous conseille de donner la vie, l'infini ou la conception de la vie et de l'univers, ce qui vous est le plus cher. Et ceci, non en paroles, mais en action ! Devenez un homme pourvu de la liberté infinie, possédant le bonheur éternel, la justice absolue. Ayez la suprême faculté de jugement !

« Accepter tout et donner tout » peut être un thermomètre qui vous révèle votre état de santé ou de maladie.

Depuis plus de quarante ans, j'ai traité bien des malades, mais je n'en ai pas vu un seul qui mangeait proprement, comme il l'aurait fallu. Tous les malades japonais que j'ai vus mangeaient pour le plaisir, sans exception. Ils mangeaient, non pas pour vivre, mais pour leur plaisir sensoriel. D'ailleurs, ils étaient tous très gourmands.

Manger, c'est pour vivre. Vivre, c'est pour donner comme il est montré dans notre spirale logarithmique.

Tous les êtres vivent pour donner leurs produits et leur vie toute entière, pour devenir des êtres un peu plus élevés. Beaucoup d'hommes ne savent pas que « vivere parvo » est le seul chemin pour entrer dans le pays du bonheur éternel. Ils sont tous égocentriques et exclusifs.

Je n'ai pas vu un seul malade qui souffrait du manque de nourriture. Ils mangent pour satisfaire leur appétit et par plaisir tout ce qui les tente autant qu'ils admirent. Ils en mangent toujours en excès, jusqu'à l'extrémité, c'est-à-dire une maladie ou une autre. Je peux déclarer bien haut que toute maladie est produite par l'excès du manger. La mauvaise nutrition est plutôt exceptionnelle. Si vous mangez en bonne proportion, vous pouvez néanmoins être malade en mangeant trop. La quantité change la qualité. Ils ne savent pas la loi de la nécessité absolue, la conception de la vie. Ils mangent et boivent à leur goût et pour leur plaisir sensoriel. L'homme est fabriqué comme ça. Un bon appétit est si nécessaire dans notre vie. C'est le bon appétit qui nous nourrit. Que le bon appétit soit admiré ! Bon appétit, c'est le bonheur, c'est la bonne santé et c'est la liberté. L'appétit, c'est un peu comme l'huile pour le moteur. Sans l'huile le moteur ne marche pas. Huiler, pourtant, doit être surveillé par un contrôleur. Ce contrôleur est le suprême jugement; pas le jugement de bas ordre, comme le sensoriel, sentimental, intellectuel, social ou idéologique.

J'admire de tout mon cœur le bon appétit, le plus grand gourmand ! Les grands hommes ont toujours un grand appétit. Ils sont très souvent les plus grands gourmands, mais je ne vous en conseille pas autant. « Demeurez sur votre appétit !» C'est très difficile, sinon impossible. Une telle recommandation morale est négative. Le bon appétit est le bonheur. Si vous voulez l'éterniser, soyez muni du compas universel : la conception de la vie. Ou bien, mâchez une trentaine de fois au moins une bouchée. En mâchant complètement chaque bouchée, vous vous arrêtez automatiquement à cause de la fatigue de votre mâchoire et vous pouvez demeurer toujours sur votre appétit.

Il y a la justice dans le manger. Si le pays où vous habitez actuellement avait une population d'un million et produisait un million de pommes, vous auriez le droit d'en manger une par an. Mais, si vous en mangez deux, vous violez le droit d'un de vos voisins. Et si vous aviez payé pour deux pommes, vous aurez camouflé votre vol par la force ou violence appelée « monnaie ».

C'est pourquoi je guéris si facilement toutes sortes de maladies par les directives diététiques que j'avais inventées en synthétisant physiologiquement et philoso-phiquement la médecine Sino-Indo-Japonaise et le principe le plus fondamental de toutes les grandes religions de l'humanité, y compris même la science moderne, puisque cette dernière peut être considérée comme une nouvelle religion, autant qu'elle veut être le principe de la vie humaine.

J'avais étudié la médecine Sino-Indo-Japonaise depuis mon enfance et la médecine occidentale après l'âge de 30 ans. Mais, depuis 20 ans, j'ai abandonné cette der-nière après quelques années de pratique, puisqu'elle est tout-à-fait palliative et symptomatique et beaucoup moins efficace que celle-là. Aujourd'hui, nombre de médecins japonais, désappointés, abandonnent la médecine occi-dentale et étudient la méthode ancienne, pour laquelle, malheureusement, il n'y a plus de maîtres. Quelques-uns de ces médecins viennent dans ma petite clinique et apprennent mon système. Redressés, ils nous quittent et ils rétablissent leurs cliniques, hôpitaux ou sanatorias. Ils sont une centaine à présent. Mais, je leur apprends très peu de ma méthode palliative, bien qu'elle soit si efficace et si convenable, comme l'acupuncture, la moxation et autres procédés.

Il y a à peu près 35 ans, j'importai l'acupuncture en Europe et j'en fus le premier praticien. Depuis lors, l'acupuncture a eu une très grande vogue en France et en Allemagne, grâce à la collaboration de Monsieur Soulié de Morant qui l'a propagée inlassablement après mon départ de France, il y a une vingtaine d'années.

Mais, l'acupuncture est tout-à-fait palliative, comme les médicaments chimiques. Elle fait souvent une guérison miraculeuse, mais je ne vous la recommande pas beaucoup. Si je l'avais importée en Europe, c'est parce qu'il était ainsi plus facile de convaincre des malades simplistes que par ma méthode macrobiotique et diététique et aussi pour gagner ma vie.

Je fus, en même temps, le premier importateur de l'art d'arrangement des fleurs et de la théorie (ou l'esprit) du Jûdô (Juzitsu). Le Jûdô a gagne sa popularité aujourd'hui, ainsi que l'arrangement des fleurs (Kadô) en Europe. Mais, peu s'intéressent à l'étude du « dô » de Jûdô et de Kadô, la philosophie du Jûdô et du Kadô. « Dô » (Tao en chinois) signifie le Principe Unique. Jûdô et Kadô sont donc une interprétation éducative, culturelle ou physiologique du Principe Unique, la conception de la vie et du monde. Les anciens maîtres de la Chine, de l'Inde et du Japon voulurent apprendre le Principe Unique dans toute éducation, soit technique, soit théorique. Mais on oubliait, à la longue, l'importance et la supériorité du Principe, puisqu'il est invisible. « Ce qui commence se termine » toujours et sans exception. A la première rencontre avec une civilisation nouvelle, il était colonisé volontairement. C'est comme cela que le Japon traditionnel s'est perdu il y a à peu près 80 ans. A présent, il n'y a aucun véritable Japonais. Tous sont déracinés. Même au Kodokan, la plus grande école de Jûdô, on ne donne aucune conférence de « dô », malgré son nom qui signifie l'institut du « dô ».

4. Qu'est-ce que la maladie cardiaque ?

400.000 citoyens sont tués par la maladie cardiaque chaque année aux États-Unis et 800.000 dans le monde entier. Un tiers de ceux qui viennent, par préoccupation, consulter aux hôpitaux en Amérique, sont déjà gravement attaqués au cœur.

La maladie cardiaque est le plus grand mystère depuis le temps des Pharaons. Elle l'est malgré les efforts désespérés des médecins et des spécialistes du monde entier. D'après les statistiques, il y a plus de 15.000.000 de citoyens américains qui se trouvent déjà dans les mains du Grand Meurtrier de la nation. Si chacun de ces malades doit payer 1.000 dollars comme amende, cela fait au total 15 000 000 000 de dollars. Cela coûte un peu plus qu'une guerre mondiale aux États-Unis.

C'est pourquoi « The American Heart Association » paie cinq millions de dollars et « The National Heart Institute » dix-huit millions de dollars chaque année pour les études de la maladie. Mais, on n'a rien trouvé comme médicament, sauf « Rauwolfia Serpentina », un des milliers de médicaments ayurvédiques (la médecine de l'Inde qui date de plus de 5.000 ans).

C'est pourquoi les chirurgiens américains sont si occupés dans leurs salles d'opération, pour faire la « sympathectomie », une opération qui consiste à couper tout le système des nerfs sympathiques spinaux. Ce n'est pas une guérison, mais, au contraire, une destruction, comme toutes les autres opérations.

On peut maintenant acheter des reins artificiels aux États-Unis, au prix de 10 dollars. On pourra acheter un cœur artificiel bientôt, comme des dents artificielles, des yeux, des bras et des pieds. On verra un homme tout-à-fait artificiel ou plastique peut-être dans le futur, très prochainement. Il y a déjà des banques du sang et des yeux. Il y aura bientôt des banques de cœur, de reins, d'estomac, etc. Vous voyez déjà beaucoup de gens qui n'ont pas leur propre tête, la machine à penser, mais une tête empruntée ou achetée. Ils sont comme des phonographes. Ils sont des robots.

Chose la plus curieuse, ridicule ou absurde : il y a des Américains (des volontaires, mâles) qui prennent des hormones féminines, courant le danger de perdre leur propre sexe, et cela pour arrêter le durcissement de leurs artères.

Après tout, la maladie cardiaque est un mystère. Le meurtrier est invincible.

Ce qui m'est le plus difficile à comprendre, c'est pourquoi il n'y a pas un seul penseur dans la médecine moderne et pourquoi on attaque seulement des symptômes superficiels, au lieu de chercher l'origine, la maladie en totalité, ou la plus significative et qu'on détruise au lieu de reconstruire l'organisme malade tout entier et quelquefois même les organes voisins qui ne sont pas malades.

En tout cas, la médecine occidentale cherche à tout prix des moyens, des instruments, des armes les plus efficaces pour détruire des symptômes qui ne sont que des phénomènes terminaux d'une lutte physiologique au fond de notre corps.

Celui qui a besoin d'armes et d'instruments pour se défendre, c'est qu'il a peur. Celui qui a peur a une mentalité primitive, enfantine ou cruelle. C'est une mentalité défaitiste, illogique et pas du tout scientifique. C'est une éclipse totale de la faculté suprême du jugement, la conception de la vie. Elle est tout-à-fait inévitable pour une médecine symptomatique ou magique. Elle est commune parmi les jeunes médecins.

Dans les deux grands livres de la médecine de l'Extrême-Orient, « Charak Samhita » de la médecine ayurvédique de l'Inde, qui date de plus de 5.000 ans et « Ni-King » ou « Sumon » de l'Empereur Houang, le canon de la médecine chinoise qui date de plus de 4.000 ans, on trouvera tous les grands secrets de la méthode médicale éducative, physiologique, biologique et logique (dialectique) et socio-médicale, qui n'est pas autre chose qu'une application de la conception de la vie et de l'univers. On y trouvera le remède-panacée qui guérit non seulement la maladie cardiaque, mais toute sorte de maladie physiologique, mentale et même spirituelle. Et non seulement les maladies présentes, mais toutes sortes de maladies à venir.

C'est la médecine qui garantit la liberté infinie, le bonheur éternel et la justice absolue pour tout le monde. C'est la médecine qui dévoile la faculté suprême du jugement. La gloire de la médecine symptomatique est la plus grande honte pour la médecine de l'Extrême-Orient.

La guérison complète et définitive de la maladie cardiaque d'après notre Principe Unique est très simple. On peut la guérir en quelques semaines, peu importe l'ancienneté de la maladie.

On la traite diététiquement et on n'emploie aucun médicament ni opération. C'est très paisible et très économique. Si l'on observe strictement mes directives diététiques «préparatoires», basées sur le Principe Unique, la conception de la vie et de l'univers, la maladie cardiaque disparaît automatiquement et immédiatement.

Celui qui souffre de maladie cardiaque est exclusif, avare, souvent brutal. La maladie cardiaque est le produit

d'une vie de luxe et d'aliments plutôt chers. En comparaison avec les lépreux ou les épileptiques qui sont plutôt
ignorants, ceux qui souffrent de maladie cardiaque sont
beaucoup plus difficiles à guérir. Les pauvres lépreux et
les pauvres épileptiques sont ignorants, tandis que ceux
qui souffrent de la maladie cardiaque sont gourmets,
arrogants au fond et gourmands.

A propos de mes directives préparatoires, je vous renvoie au chapitre suivant.

5. Diabète

Il n'y a pas un seul médicament ni une opération qui
puissent guérir le diabète. Le seul médicament palliatif
« Insuline », qu'on emploie encore dans quelques pays
« backward » (arriérés) a été condamné comme inefficace
au vingt-cinquième anniversaire de sa découverte. On
peut guérir le diabète sans aucune difficulté par mes
directives préparatoires en quelques semaines (deux ou
trois en général). La citrouille, les petits pois rouges et le
poireau sont des aliments spécifiques (voir « Diabète » au
chapitre V).

CONCLUSION

En cherchant l'origine de l'homme, nous avons trouvé
que notre matrice est le monde végétal, notre grande
mère, la Pré-atomique, arrière grand-mère, Énergie et
ensuite les deux pôles Yin-Yang et à la fin l'infini. Ce dernier étant infini, il ne peut être autre chose que la spiri-

tualité, tandis que les six premiers sont matérialité. Nous avons réalisé sans le vouloir la différence et l'identité des deux mondes de matérialité et de spiritualité, de l'individualité et de la totalité, qui est omniprésente, omnipotente et omnisciente et qu'ils ne sont qu'un continuum.

Mais, le monde relatif de matérialité n'étant qu'un point géométrique de l'infini et l'infini étant insondable, tout ce que nous connaissons par nos sens en ce monde n'est pas éternel mais éphémère, nous pourrons le considérer comme illusoire. Mais, nous le sentons pourtant comme réel. C'est un peu comme notre conscience. Nous savons que notre vie a son commencement et sa fin, mais en même temps nous sentons ou nous avons confiance que nous avons été depuis le commencement sans commencement et que nous le serons jusqu'à la fin sans fin. Puisque, comme la spirale logarithmique nous le révèle, nous sommes la spiritualité infinie en quintessence et un être transitoire, fini, physique dans son apparence Mais, comme la continuité entre ces deux phases est invisible et insondable, nous nous sommes trompés depuis fort longtemps. Et surtout, depuis la déclaration de la méthode dichotomique de DESCARTES, nous avons été convaincus qu'il y a deux mondes tout-à- fait séparés et hétérogènes. Ce fut notre malheur et l'origine de tous nos maux.

Mais nous nous sommes sauvés du dualisme par notre spirale logarithmique.

La maladie est notre guide très sincère.

Mais, la médecine symptomatique qui aime la destruction complète des symptômes de la maladie, peut être l'ennemie de l'humanité et de la spiritualité.

Il y avait un tout petit bateau qui naviguait vers l'est à travers la grande tempête dans l'Océan des Indes, il y a 400 ans. Dans ce petit bateau qui dansait comme une feuille tombée dans un torrent rapide et furieux, il y avait un jeune homme se mourant de la fièvre et souffrant tout seul. Il criait... J'entend sa voix... même à présent... «Souffrance... Donnez-moi plus de souffrance. Oh Seigneur...»

Quelques mois plus tard on le retrouve à Nagasaki, Japon, prêchant... comme le premier chrétien dans ce pays. Et après plus de trente années de prédications il y mourut. C'était François-Xavier.

C'est toujours cet esprit, cette confiance absolue qui nous sauvent de toutes les maladies et de tous nos maux. On l'appelle la foi. Je l'appelle notre compréhension du Principe Unique. Mais, la médecine symptomatique s'efforce, sans savoir ni vouloir peut-être, de détruire cette souffrance qui est absolument nécessaire pour consolider la foi ou la confiance à tout prix, avec toutes les armes disponibles, toujours en vain...

CHAPITRE V

LA MÉDECINE DE L'EXTRÊME-ORIENT

La médecine de l'Extrême-Orient est la septième médecine d'après notre classification. Elle est très scientifique, immédiate et déterminée. Elle est extrêmement simple dans son apparence et dans sa technique, mais elle est très profonde dans la théorie dialectique dite le Principe Unique, qui est la matrice de toute la philosophie, de toute la civilisation, de toutes les grandes religions, de toute la science et de toute la technique de l'Extrême-Orient.

Elle n'attaque pas les symptômes. Elle s'occupe de l'origine de la maladie. La cause ultime de toute la maladie, ainsi que de tous les malheurs de l'homme étant le résultat d'une éclipse de la faculté suprême de son jugement, la médecine doit être plutôt philosophique et éducative que curative. Elle enseigne donc comment dévoiler la suprême faculté du jugement. Elle s'efforce de faire trouver soi-même le bonheur éternel à tout le monde, au lieu des plaisirs éphémères cherchés désespérément, sans réaliser qu'on est né au beau milieu du bonheur éternel. Pour elle, la maladie n'est qu'une bonne occasion pour l'enseignement. Nous le verrons en pratique.

Poliomyélite

S'il s'agit de la poliomyélite de jambes, la médecine de l'Extrême-Orient raisonne ainsi :

1. Les pieds étant la partie la plus Yang, basse de notre construction, ils doivent être considérés comme la partie la plus Yang.

2. Les pieds étant l'organe locomoteur et la locomotion étant un mouvement, ils sont un organe Yang. Yang ne peut être neutralisé ou anéanti que par quelques facteurs Yin, la cause ultime de cette maladie doit être Yin importé en excès.

Si vous examinez le manger quotidien du malade, vous y trouverez facilement quelque chose Yin très riche en K, vitamine C, sucre chimique, eau, etc., tels que des fruits (sauf les fraises et les pommes), des pommes de terre, des tomates, sirops, glaces, chocolat, bonbons, etc., plus que les autres. La physiognomonie de la médecine de l'Extrême-Orient peut prédire très facilement la poliomyélite à venir La majorité des enfants susceptibles de poliomyélite ont la physionomie d'un triangle renversé (voir à la page 34 la forme « C » ou quelque fois « A »). C'est dire que la maladie est préparée depuis l'âge embryologique, puisque notre construction morphologique fondamentale est créée par la nourriture de la mère. La mère est toujours la responsable.

Les enfants à pieds plats sont susceptibles non seulement de polio, mais aussi d'épilepsie, « Japanese B », la maladie cardiaque. 85 % ou plus de la population de Lambaréné, Gabon, Afrique Équatoriale Française, ont les pieds plats. La voûte plantaire doit être très forte, comme un ressort à lame, pour amortir le grand choc que notre corps tout entier reçoit à chaque pas et surtout en descendant un escalier, pour protéger des billions et des billions de cellules cérébrales extrêmement délicates en construction.

Ceci compris, la prévention ou la guérison de la poliomyélite est simple et facile d'après notre médecine.

Je peux la guérir en deux semaines si le cas est récent et en deux ou trois mois si elle date de plusieurs années.

Les enfants susceptibles de polio sont Yin dans leur constitution, ainsi que dans leur caractère et dans la construction. S'il y en a quelques cas de construction Yang, comme il est montré dans le chapitre III en physionomie, la maladie est passagère et se guérit plus facilement que celles à la physionomie de forme « C » (Voir la page 34).

La vaccination

Cela me semble comme la politique des États-Unis, « Point 4 » de Truman, ou le « réarmement du Japon ». C'est un peu comme armer le peuple avec des pistolets et des machines-guns contre les gangsters imaginaires. C'est avouer que le gouvernement ou les « leaders » ne sont bons à rien.

D'après notre méthode, c'est simple. C'est vivre d'après le principe « vivere parvo ». C'est abandonner le sucre chimique, les bonbons, le chocolat, les fruits, le café, les épices, le pain blanc, le beurre, le fromage, la viande, etc., en un mot tout ce qui n'est pas absolument nécessaire pour vivre. A plus forte raison, tout médicament, toute opération, toute vaccination, tout ce qui est artificiel. C'est devenir comme un bébé au sein de sa mère dans la grande nature.

Chose curieuse, si on observe mes directives diététiques préparatoires, tous les microbes et tous les virus disparaissent ou deviennent de bons amis collaborateurs. Le « virus » de la polio (je ne sais pas s'il existe et est nuisible, en réalité ou non, comme tous les autres malfaiteurs) est un mystère pour la médecine symptomatique ; la polio iatrogénique. Plus vous êtes naturistes, pacifistes biologiques et plus vous observez mes directives diététiques préparatoires, plus les virus et les microbes les plus malfaisants deviennent vos amis intimes. Vous êtes donc immunisés une fois pour toujours.

Malheureux sont ceux qui ont la peur de n'importe quoi dans ce monde relatif. La peur est le baromètre de votre esclavage.

Asthme.

C'est aussi une maladie « incurable » pour la médecine symptomatique. Un jour, un jeune docteur de cet hôpital me demanda de l'aider un peu. (J'étais venu ici pour voir le Dr. A. Schweitzer, mais puisqu'il était absent, j'en profitais pour écrire ce manuscrit tous les jours). Je l'accompagnai et il me montra une jeune femme africaine très souffrante, dans une cabine. Le jeune mari désespéré à son côté. Elle était hospitalisée depuis plus de dix mois pour guérir son asthme. Mais, depuis le quatrième mois, la maladie s'aggravait. Le jeune docteur avait essayé de son mieux, sans aboutir à aucune amélioration.

Pendant dix minutes je lui donnai des conseils au sujet de ma méthode. Le lendemain, par une belle journée africaine, je lui rendis visite après ma promenade.

A ma stupéfaction, je la trouvai en train de travailler dans sa cuisine, préparant le déjeuner. L'époux était debout derrière elle, la regardant non sans une certaine crainte mélangée de joie. La moribonde d'hier travaillait, souriante Elle n'avait qu'à observer mes directives pendant quelques mois pour être complètement guérie. Mais elle me demandait des médicaments et j'eus des difficultés à la convaincre. Je lui dis : « Tu seras guérie bientôt, tu l'es déjà à moitié. Tu n'as nul besoin de médicaments. Tu en as tant pris pendant ces dix mois, c'est assez. Et maintenant tu sais bien qu'il n'y a aucun médicament pour ta maladie, n'est-ce pas ? ».

« Regarde, tous ces oiseaux et tous ces animaux dans la forêt, ils ne viennent jamais comme toi pour avoir des comprimés, ni pour être traités par des docteurs. Il n'y a pas un seul éléphant qui ait pris de l'aspirine ou de la quinine une seule fois dans sa vie. Pourquoi ?... Ils se guérissent eux-mêmes en mangeant ce qui est nécessaire et en abandonnant ce qui n'est pas nécessaire... Et pourquoi pas nous autres, les hommes ?... Sommes-nous inférieurs ou supérieurs aux oiseaux ou aux éléphants ? »

Tous deux avaient une mentalité tout-à-fait innocente et primitive. Ils me regardaient sans bien comprendre.

Mais, depuis ce jour-là, je n'entendis plus sa toux si violente pendant la nuit. Car sa chambre se trouvait à peu près à 50 mètres en bas de la mienne et je me levais chaque matin à 2 heures pour écrire. Pendant la nuit je pouvais entendre tous les grands bruits de cet hôpital, y compris des toux asthmatiques venant d'une case très éloignée.

Au bout de quelques jours, j'entendis à nouveau sa toux très violente et ses tristes gémissements toute la nuit. Je dis à ma femme : « Ah, sans doute, elle a violé mes directives hier ».

Le matin je lui posai la question. Elle m'avoua, sans aucune difficulté, qu'elle avait bu beaucoup d'eau la veille et que depuis lors elle avait dû uriner plus de douze fois. Je lui conseillai de ne plus violer mes directives à nouveau. Le soir, accompagnés du jeune docteur, nous sommes venus la voir. A notre stupéfaction nous l'avons trouvée en train de terminer son sixième « avocat » (poires de crocodiles). Sous une tornade de gronderies du jeune docteur, le mari qui l'avait regardée finir les six «avocats» dit : «Mais les «avocats» sont bons pour les malades. D'ailleurs, c'est donné par Mlle L. qui est très gentille et qui dit qu'ils sont très bons pour ma femme. C'est pourquoi je n'en ai pas mangé, pour tout lui laisser...»

Depuis lors, plus d'un mois s'écoula sans que j'entendisse encore sa toux. Un petit conseil diététique avait été suffisant pour guérir une asthmatique qui avait été traitée en vain pendant plus de dix mois.

Épilepsie

L. M. (garçon, 11 ans) avait deux ou trois attaques d'épilepsie par mois, depuis l'âge de 2 ans. Sa mère avait divorcé parce qu'elle avait découvert que cette maladie était héréditaire chez son mari. Elle était entrée à l'hôpital du Dr. A. Schweitzer comme couturière, avec son unique enfant, espérant y trouver un moyen miraculeux pour le guérir.

Ce fut une déception pour elle. Elle apprit qu'il n'y avait ni médicament, ni opération pouvant le guérir.

Sollicité par la mère et l'oncle, je donnai un conseil très simple pour cet enfant au ventre extrêmement gonflé.

Pendant deux mois il n'y eut pas une seule attaque. Il sera guéri complètement ainsi après quelques mois.

Mais n'oubliez pas que mes directives diététiques ne sont pas une condamnation pour la vie. Après quelques mois (ou quelques années dans certains cas très graves) vous pourrez prendre des plats ordinaires. Cela dépend de la nature de votre maladie.

« Cette sorte de démon ne sort que par la prière et le jeûne » dit Jésus. C'est vrai, mais je fais une concession pour certains cas.

C'était dans la matinée de la deuxième journée de notre long séjour dans une grande plantation de Tanganyika, ma femme a traité un cas d'épilepsie avec manifestations extrêmement cruelles. C'était la femme du Maharaji (chef cuisinier du propriétaire de la plantation). Elle était atteinte depuis 15 ans. Elle avait tué trois bébés, l'un après l'autre, au cours d'attaques. Elle fut guérie complètement par un simple conseil de ma femme (une fois pour toutes et même plus rapidement que le propriétaire qui nous avait invités pour être traité diététiquement, pour guérir sa maladie cardiaque très dangereuse).

Léprosie

Le garçon de notre chambre (dans la maison des visiteurs de l'hôpital du Dr. A. Schweitzer, à Lambaréné) qui s'appelle O (35 ans) me demanda un matin une consultation. Il est lépreux, hospitalisé il y a quatre ans pour guérir son œil et son pied gauche. Après opération, son œil est complètement perdu. Son pied est traité depuis le début, tous les jours, sans aboutir à aucune amélioration. Etant pauvre, il travaille maintenant comme garçon de chambre.

Je donne les mêmes directives préparatoires.

Au bout de trois jours il me dit que les plaies commencent à sécher et que l'excrétion de sang et de pus diminuait. Après un mois et demi, il est devenu tout-à-fait un autre personnage. Avant, il était toujours silencieux. En entrant dans la chambre, il n'avait guère dit « bonjour ».

Mais, ces jours-ci, il est très heureux, n'ayant plus de mal au pied et ayant un grand espoir de se marier dans un avenir très prochain. Il est devenu gai et très bavard. En entrant dans la chambre, il dit à haute voix quatre fois « bonjour » (deux pour moi, et deux autres pour ma femme). La psychologie est basée sur la physiologie !

J'en ai guéri des centaines avant lui, mais il est le seul malade qui guérit par ma méthode ici, à Lambaréné. La léprosie est facile à guérir. Mais, il y a une autre sorte de léprosie qui est extrêmement difficile à guérir : la léprosie de la mémoire, de la compréhension, du jugement...

La léprosie, cela va de soi, est une des maladies Yin, très simple dans sa nature Yin et par conséquent très facile à guérir. Cela commence par la sympathicotonie (Yin) et aboutit à la décomposition (Yin) d'un tissu superficiel ou d'un autre, à travers la dilatation (Yin) et la paralysie (Yin), etc., cause d'une nourriture trop Yin. Le sucre chimique est le plus grand ennemi des lépreux.

Un jour, au cours d'une promenade, je rencontrai un vieillard à moitié paralysé. Il était accroupi au bord de la grande rivière Ogooué. Dès l'arrivée du Docteur Schweitzer il avait travaillé comme infirmier de ce dernier. Depuis plusieurs années, il était hospitalisé pour une paralysie des deux jambes.

« Pourquoi cette augmentation de malades, surtout de lépreux ? Je ne comprends pas du tout. Dans mon enfance il n'y avait pas un seul malade ici ».

« C'est depuis trente ou quarante ans, n'est-ce pas ? » dis-je.

« Justement, c'est depuis trente ans... »

« C'est après l'importation du sucre, des sucreries et du chocolat, n'est-ce pas ? C'est, à vrai dire, le sucre qui est la cause la plus grande de cette augmentation des malades... C'est le premier importateur de sucre qui est le responsable... Les européens étant carnivores ne mangent pas autant d'hydrates de carbone que les orientaux et les africains. Ces hydrates de carbone se transforment en sucre dans notre corps. Nous nous nourrissons avec la quantité maximum d'hydrates de carbone. Si, de plus, nous prenons du sucre blanc chimique, qui n'est pas du tout nécessaire et qui ne contient aucun minéral, aucune protéine, aucune graisse, aucune vitamine, nous nourrissons seulement des êtres microscopiques nuisibles (tels que bacilles tuberculeux ou aneurinases qui décomposent la vitamine B1 dans les intestins). Le sucre attire et nourrit les fourmis et beaucoup d'insectes, il en est de même pour les microbes. Si, de plus, nous buvons beaucoup d'eau, nous perdons du sel par la transpiration et les urines. Vous savez sans doute que le sel chasse et tue tous les êtres microbiens. Le sel est un des éléments les plus importants de notre sang. Le sel est beaucoup plus important que les vitamines... »

Il comprit vaguement mon explication improvisée, me promit d'abandonner complètement le sucre et de boire la quantité minimum d'eau. Mon explication improvisée n'était pas très compréhensible, mais il se rappelait d'un fait qu'il y a une tribu, au bord du grand lac pas très loin d'ici, où l'on consomme beaucoup de sel et où il y a très peu de lépreux ou autres malades.

La nourriture des indigènes est extrêmement simple : manioc ou farine fabriquée des tubercules du manioc, (on en fabrique le tapioca), « taro » (des tubercules), bananes vertes et un peu de maïs. Voilà l'alimentation principale des indigènes. Il n'y a, pour ainsi dire, pas de légumes ni de salade. On ne sait pas encore l'agriculture. Ils mangent quelques feuilles d'herbes et des fruits sauvages de temps en temps. La plupart des grands arbres fruitiers sont d'origine étrangère, transplantés récemment par des arabes.

Il y a deux sortes de bananes : les vertes et les jaunes. Les vertes ne sont pas sucrées et sont beaucoup plus grandes que les jaunes qui, par contre, sont très sucrées. Celles-ci sont destinées à l'exportation comme fruits. Les bananes vertes servent de nourriture principale, cuites à l'eau, ou grillées sur le feu, etc.

D'après la statistique officielle du Congo Belge, la production agricole du même pays est la suivante (1954) :

Céréales :	froment	4 115	tonnes
	maïs	319 327	"
	riz	179 251	"
	autres	40 133	"
Tubercules :	manioc	1.763.848	"
	taro	355.575	"
	patates	12.475	"
Bananes :	vertes	1.865.077	"
	jaunes	17.480	" (pour exportation)
	"	8.045	"

Toute cette production est destinée à la consommation domestique, excepté les bananes douces qui sont exportées (17.480 tonnes). La somme totale des céréales est d'environ un demi million de tonnes ; bananes, plus d'un million neuf cent mille tonnes.

L'alimentation des indigènes du Congo Belge peut être évaluée à la proportion suivante :

Céréales 12 % (1) ;

Tubercules 48 % (x 4) ;

Bananes 40 % (x 3,5).

Je n'ai pas trouvé de statistique pour l'Afrique Équatoriale Française. Mais j'ai interrogé beaucoup de personnes qui viennent à Lambaréné, de tous les coins du pays, comme en un lieu de pèlerinage où l'on espère le miracle. De nombreux vieillards m'ont renseigné sur les aliments de leur enfance. J'ai pu établir ainsi, d'après cette délicate enquête, une statistique un peu subjective de l'alimentation des indigènes au Gabon et en A.E.F. depuis une trentaine d'années jusqu'à nos jours. Les pourcentages que je vais donner, demanderont à être précisés officiellement plus tard.

Production des aliments principaux de l'Afrique
Équatoriale Française

Céréales 5 % (1) ;
Tubercules 40 % (x 8) ;
Bananes vertes 45 % (x 9).

C'est une spéculation très grossière. Mais c'était confirmé physiologiquement et biologiquement et par la constitution générale des indigènes. De plus, c'était confirmé doublement en les observant très minutieusement dans leur réaction curative par mes directives diététiques. Ils se rétablissent très rapidement quand ils abandonnent complètement le sucre et cela davantage que les autres peuples.

Ils ont si peu de résistance contre le sucre.

La résistance contre la chaleur ou le froid doit être formée extérieurement par la chaleur et le froid continuels d'une part, et intérieurement par le changement biochimique de la constitution, par exemple en augmentant, ou en diminuant la dose de sel dans notre sang et dans nos cellules. Si les indigènes sont si peu résistants au sucre, c'est qu'ils sont plutôt végétariens. Ils mangent de la viande de singe, d'antilope, de porc de la forêt et des poissons, mais le pourcentage en est très bas. De plus, ils n'ont pas été habitués à la réaction chimique du sucre. Des plats carnés fournissent beaucoup plus de sel pour notre constitution. La chimie est très en retard dans ses recherches sur la nocivité du sucre, qui est beaucoup plus terrifiante qu'on ne l'imagine. Elle la trouvera, tôt ou tard.

L'adaptabilité physiologique, par conséquent psychologique, semble-t-il, est proportionnelle à la variété de l'alimentation. L'alimentation la plus variée est celle des Chinois et la moins variée, celle des indigènes du Gabon, autant que j'ai pu en juger jusqu'à présent. L'alimentation européenne est beaucoup moins variée que celle des chinois ou des japonais.

Cataracte — Prostatite — Urodynie

Le malade est un pasteur âgé de 62 ans Il a passé une vie tout-à-fait pieuse, dévouée à Dieu. Au bout d'une longue vie de service, il est atteint de nombreux maux : cataracte (un œil ne voit plus), prostatite, maladie cardiaque, ulcères chroniques des pieds qui ne se guérissent pas (peut-être d'origine lépreuse), urodynie, etc. Pourquoi cette souffrance est-elle envoyée par Dieu à ce pieux pasteur ? Sa femme souffre depuis plus d'une quinzaine d'années de troubles curieux : maux de tête perpétuels, douleurs piquantes qui circulent dans tout le corps, maladie de Tick's (papillotage perpétuel), inflammation du conduit lacrymal, douleurs aux gencives bien qu'édentée, etc. (de plus, elle a été opérée deux fois depuis 1934 pour des affections ovariennes. Mais, depuis lors, elle a mal au ventre continuellement).

Après une longue vie si dévouée à Dieu, à l'âge de 62 ans, on doit souffrir encore ? Est-ce la vie ? Quelle est la signification de la vie chrétienne pieuse ? Il n'a pas la foi ; mais il avait cru si profondément en la grâce de Dieu pendant plus de quarante ans. Où est le Royaume des cieux ? Où est Dieu ? Est-ce une déception ses longues années de prêches ?... Il est au bout de son courage !

Mais le malheur est le baromètre ou la balance de vérification d'une vie ; le bonheur dépend de notre suprême faculté de jugement. Celui qui a la clairvoyance, la conception de la vie et de l'univers, a la vision non seulement de tout ce qui se trouve à présent dans ce monde relatif, mais dans l'infini (dans le passé, ainsi que dans le futur) et ne sera jamais malheureux. C'est là la véritable foi ; mais cet homme n'a pas cette sorte de foi. Ce qu'il a et ce qu'il croit la foi, c'est un credo aveuglé, le principe des pauvres esclaves ; c'est une croyance sans raison, c'est l'ignorance, ignorance très brave (credo quia absurdum). L'ignorance appelée « la foi » est un faux passeport délivré par des professionnels religieux.

Le pasteur et sa femme avaient réalisé nettement qu'il n'y a aucun médicament, ni aucune opération pour les sauvegarder. Mais, dépendant encore de la médecine, ils n'ont pas compris la foi de Jésus. La foi, c'est l'indépendance complète, la liberté infinie, le bonheur éternel et la justice absolue. Cette foi bien établie, rien ne vous sera impossible, vous n'aurez aucune souffrance, à plus forte raison aucune peur Vous ne dépendrez jamais plus de quelqu'un, ni de n'importe quel instrument.

Le pasteur et sa femme m'ont très bien compris et ils m'ont promis de se purifier de leur « péché originel », de la faute qu'ils avaient commise dans la création de cette vie physiologique et biologique, c'est-à-dire le choix, l'assortiment, la préparation des aliments et les moyens de manger. Manger, c'est créer une vie nouvelle pour demain, en sacrifiant le végétal et ses produits. Si l'on commet des erreurs, c'est là le «péché originel », littéralement.

Le pasteur pourtant m'a encouragé beaucoup. Même un simple africain, un pieux serviteur pendant toute sa vie, innocent et primitif, pouvait comprendre qu'à la médecine palliative et symptomatique doit être substituée la foi et, également, que la foi doit être un autre nom de la médecine suprême qui guérit toute maladie physiologique, psychologique et spirituelle.

Guérir la maladie, qui n'est pas autre chose que le résultat de notre jugement bas, éclipsé ou voilé, par des piqûres ou par des médicaments dits « devil's bullets », c'est-à-dire d'autres produits de notre jugement bas, éclipsé ou voilé, c'est une «mentalité primitive» qui a confiance en la sorcellerie.

Le pasteur et sa femme n'ont que des symptômes Yin. Trop de sucre. Étant pasteur, il avait plus d'occasions d'obtenir du chocolat, des gâteaux, du sucre et des fruits, plus que d'autres.

Mais pourquoi ce péché originel (1) ?

Pourquoi nous trompons-nous si souvent (2) ?

Pourquoi y a-t-il tant de choses si appétissantes en apparence et si nuisibles pour notre vie en ce monde (3) ?

Pourquoi tout ce qui plaît à nos sens est-il aussi nuisible (4) ?

Est-ce une faute de la part de Dieu (5) ?

Car la méchanceté divine n'existe pas (6) !

Le Principe Unique répond :

(1) S'il n'y avait pas un commencement, par exemple « le péché originel », ou quoi que ce soit, il n'y aurait pas de fin. D'après la première loi de l'ordre de l'univers, le Principe Unique, du moment que ce monde a une origine ou un commencement, il y aura certainement une fin. Pour celui qui croit que « le péché originel » est une fiction d'un autre monde, ce monde où nous vivons est plein de maux et cette vie est toujours un autre nom du « malheur ». Mais pour celui qui sait la conception de l'univers et les lois, «le péché originel» n'est autre chose que le commencement du « Royaume des Cieux », le paradis de la liberté infinie, du bonheur éternel et de la justice absolue.

(2) Pourquoi nous trompons-nous si souvent ? Parce que nous dépendons trop de nos sens qui ne peuvent servir que dans ce monde relatif, illusoire et éphémère. Beaucoup cherchent le bonheur éternel, la liberté infinie, la justice absolue et la beauté surnaturelle à travers les lunettes des « sens ». C'est comme lire un roman avec un microscope pour magnifier et multiplier la joie de la lecture mille fois.

C'est comme écouter la symphonie n° 9 de Beethoven toute la journée, des semaines et des semaines, pour comprendre Beethoven mille fois plus profondément.

La science moderne et analytique s'efforce d'inventer des instruments les plus forts qui fortifient ces « sens » menteurs ou aveugles. Voilà pourquoi le malheur et les maux de l'homme moderne s'augmentent et se multiplient de jour en jour. (Mais « Plus grand le front, plus grand le revers », plus grand le malheur, plus grand le bonheur. L'Homme parti du « péché originel » est destiné à aboutir au bonheur éternel à la fin, tandis que celui qui ignore ou nie le péché originel ne peut pas se sauver du malheur pour toujours.)

(3) Pourquoi y a-t-il tant de choses si appétissantes en apparence et si nuisibles pour notre corps ? La réponse est la même que pour la deuxième question.

(4) Pourquoi tout ce qui plaît à nos sens est si nuisible ? Puisque nos sens ne sont pas autre chose que le jugement bas et que nous sommes Yang, physiologiquement parlant, nous sommes attirés vers et par tout ce qui est Yin, qui nous relâche, dilate et neutralise. C'est pourquoi Jésus avait prêché souvent sur l'importance du sel.

(5) Ce n'est pas une faute de la part de Dieu ? Non, c'est tout-à-fait en accord avec les sept lois de la conception de l'univers.

(6) Sinon, sa méchanceté ? Non, c'est par la grâce de l'infini. A tant de possibilités d'erreur ou de malchance en

ce monde de relativité, correspondent autant de chances de réussite.

Remède éthique

Lors d'une promenade nocturne avec ma femme au bord d'une rivière paisible, un vieil africain s'est approché. Il nous a salués très poliment, comme tous les indigènes, puis il m'a parlé très intimement d'un de ses amis, malade et hospitalisé ici. Il m'a demandé de l'examiner à un endroit proche sur le chemin du retour et je ne pouvais refuser.

Le malade était un nommé E... un vieil indigène paralysé et âgé de 55 ans environ. Il avait été blessé dans un accident il y a dix mois et il avait été hospitalisé de suite. Mais après quelques mois, il était paralysé aux jambes. Les deux jambes sont déjà très amaigries. Et tous les ongles d'une main étaient pourris, comme un bois attaqué par des fourmis blanches. C'était le symptôme de l'excès de Vitamine D donnée en trop au cours du traitement. C'était mauvais, puisqu'il était un mangeur de poissons. Je lui ai défendu d'en reprendre et je lui donnai mes directives préparatoires, comme toujours.

Après, je visitai la jeune femme asthmatique A. Chose curieuse, le vieil africain nous avait suivis jusque-là. Dans la case, la jeune femme était souriante.

Son mari avait l'air très content : « Elle va tout-à- fait bien, tout va bien, vous voyez. Nous allons quitter l'hôpital bientôt... »

Je lui demandai ce qu'était devenu son voisin qui était moribond, un vieil indigène extrêmement épuisé au bout de longs mois de traitement. C'était aussi un asthmatique que j'avais examiné quelques jours auparavant, à la demande de cette jeune femme. Je ne voulais pas examiner d'autres malades hospitalisés. Mais, ému par sa fraternité que je ne pouvais imaginer, je cédais.

« Mais il est déjà entièrement guéri, beaucoup plus vite que ma femme, mais il vous suit, voilà... »

A ma stupéfaction, il me montra le vieil indigène qui nous suivait au bord de la rivière.

« Est-ce toi qui était si souffrant la semaine dernière ?... »

Il répondit affirmativement.

« Mais je ne peux pas te reconnaître... Tu as tout-à-fait changé... Es-tu guéri complètement ? N'as-tu plus de toux la nuit ?... »

Il répondait toujours affirmativement. Il paraissait très heureux, le visage rayonnant.

« ...et je suis maintenant très occupé. Au lieu d'être cloué au lit, je visite tous mes amis malades hospitalisés ici pour les encourager... en prêchant l'importance de la nourriture d'après votre théorie... Oui, c'est vrai, je me sens totalement transformé et guéri, après tant d'années de souffrances ; je sens la joie de vivre pour la première fois dans ma vie !... Je ne peux pas rester dans ma case tout seul comme avant... »

Il était encore moribond la semaine dernière, tout-à-fait désespéré. Il est guéri et il est devenu un tout autre personnage. J'étais profondément ému de le voir renaître à la vie. Auparavant, il était très égoïste, comme beaucoup d'autres malades qui ne pensent qu'à leur santé et à leur bien-être.

Le mari de la jeune femme et le vieil indigène, ainsi que mon garçon de chambre, ont tous beaucoup changé. Au commencement de notre séjour, nous avions appris que les hospitalisés ne recevaient pas leurs repas de la cuisine commune et que chacun les préparait pour lui-même. Ils sont en effet très soupçonneux les uns les autres et craignent de mourir empoisonnés par d'autres. Ils sont très exclusifs, ce qui est assez naturel et habituel parmi les peuples Yin.

Mais le mari A et ce vieillard D ont changé. Ils sont maintenant très amicaux vis-à-vis de tout le monde, ils s'occupent des autres, c'est pourquoi je ne pouvais pas reconnaître D ce soir-là. La bonne santé est un excellent remède éthique, qui est beaucoup plus efficace que d'entendre chaque jour des sermons arides.

Hémorragie rétinienne chez un diabétique depuis 29 ans

Maintenant je dois ajouter quelques cas que j'avais vus aux Indes avant mon départ pour l'Afrique.

Le Professeur D. G. (62 ans), de l'Université de Calcutta, vint à ma consultation accompagné de sa femme. Il avait perdu depuis quelque temps la vision de son œil droit par hémorragie rétinienne et celle de l'œil gauche était réduite de 50 %. Il pratiquait deux ou trois injections journalières d'insuline depuis 7 ans. Il était soigné par cinq docteurs spécialistes.

J'affirmai : « Vous serez guéri dans deux semaines ».

« Mais comment ? Je suis malade depuis 29 ans et j'ai été soigné très sérieusement par ces cinq spécialistes, y compris deux ophtalmologistes très renommés... Ce n'est pas possible ! »

En réalité, il ne fut pas guéri en deux semaines, bien que l'hémorragie rétinienne se soit améliorée.

Je lui demandai alors de m'apporter un échantillon de tous les plats qu'il consommait. Je découvris ainsi de nombreuses fautes diététiques que je corrigeai.

Deux autres semaines passèrent encore et il n'était toujours pas complètement guéri, bien que le taux du sucre dans l'urine ait beaucoup diminué Une autre inspection des plats me permit de déceler plusieurs nouvelles graves fautes à corriger. Sa femme ne s'intéressait guère à ma méthode depuis le commencement !

Il ne fut guéri complètement que vers la fin du troisième mois. De plus, ses cheveux blancs commencèrent de noircir. Ce délai fortement prolongé était dû au fait que sa femme n'avait ni la foi, ni aucune confiance ; mais ce n'était pas sans raison, puisqu'il paraissait incroyable de prétendre guérir en deux semaines des troubles qui duraient depuis 29 ans. C'est elle, en réalité, qui devait être traitée. Elle était très déshonorée et déprimée.

Depuis lors, le Professeur assista, sans y être prié, à toutes mes conférences, pour parler des expériences qu'il avait vécues, et montrer qu'il peut lire maintenant de ses propres yeux.

Il m'a écrit dernièrement : « Je sens, pour la première fois dans ma vie, la joie de vivre... ». Cette méthode procure un rajeunissement !

Diabète (Voir chapitre V-87 du « Guide Pratique »)

Le sucre passe dans l'urine. La médecine symptomatique donne l'insuline et interdit au malade de prendre des aliments riches en hydrate de carbone. Ce n'est pas la guérison fondamentale, mais un retard de règlement et dissimulation de l'ignorance de la médecine symptomatique. Comment peut-on se contenter avec un tel retard et une telle dissimulation ?

D'après la médecine diététique et macrobiotique, la guérison du diabète est très simple. On peut le guérir en quelques jours ordinairement. Si la maladie date de plus de vingt ans et si le cuisinier est très inattentif, cela prendra deux ou trois mois, mais c'est très rare.

D'après notre Principe Unique, le sucre est Yin et le manque d'insuline qui condense le sucre en une forme non sucrée est aussi Yin (condensateur ou constricteur étant Yang). Le pancréas, qui est compact, est (physiquement parlant et non pas métaphysiquement) Yang. L'insuffisance de la fonction de cet organe Yang est Yin, la dilatation partout, surtout celle des glomérules de

Malpighi. Après tout, la maladie doit se produire à cause des facteurs Yin en excès.

Le traitement par conséquent doit être Yang, l'alimentation Yang, ou bien une alimentation bien équilibrée, ni Yin, ni Yang : mes directives diététiques préparatoires. Dans ce cas, les aliments spécifiques Yang sont : le potiron, la carotte, « Kuzu », sarrasin, « goma-sio », etc.

Albuminurie

La maladie se localise dans la fonction des glomérules de Malpighi qui, lorsqu'on est bien portant, ne filtrent que l'eau et le sel. Si l'albumine qui est énormément plus grande en molécule que l'eau et le sel, passe librement ce filtre, c'est évident qu'il y a une dilatation dans ce filtre. C'est donc excès de YIN : produit par une alimentation trop riche en vitamine C, potassium et sucre. La guérison par une alimentation opposée ou bien équilibrée est immédiate.

Plus tragique, plus heureux

Un Indien, père de 9 enfants, atteint de la lèpre, est condamné à une amputation de toute la jambe droite. Il avait dû démissionner d'une Compagnie où il travaillait depuis une vingtaine d'années et il était tout-à-fait désespéré. Il venait de très loin, transporté par ses amis dans ma chambre à Calcutta.

Je lui dis : « Tu seras guéri en trois mois ».

Personne ne m'interroge, tellement on est stupéfié.

Sa jambe est tout-à-fait violâtre, couverte de sang et de pus à sa partie inférieure ; elle est comme une pomme

pourrie et désagrégée et cependant elle va guérir complètement en l'espace de trois mois, en observant strictement
mes directives diététiques. Il repartit dans son pays
retrouver sa famille qui l'attendait avec impatience, mais
cette fois sur ses propres jambes et sans aide extérieure.

Il appliquait une fomentation de la décoction de gin-
gembre et un cataplasme de « taro » qui est une plante
sauvage à tubercules des Indes et de l'Afrique, cultivée au
Japon et très appréciée comme légume.

Insensé

Monsieur X..., employé d'une grande compagnie
industrielle, père de 4 enfants, avait perdu son emploi à
cause de sa maladie : insensé. Il m'avait été amené de loin
par son frère aîné, qui espérait dans ma méthode diététique pour le guérir.

Le malade ne parlait pas. Il était assis dans un coin de
la maison de son frère, jour et nuit. Il ne voulait ni manger,
ni bouger. Mais, de temps en temps, il s'enfuyait et errait
à travers la grande ville étrangère pendant des jours et des
nuits. Son frère avait beaucoup de difficultés pour le
retrouver.

« C'est une intoxication par le sucre blanc, très probablement ! », dis-je. En effet, il était le gardien-chef d'un
grand magasin de sucre. Tous ses collègues volaient du
sucre et le vendaient ; mais lui, honnête, se contentait simplement d'en manger beaucoup.

La cause ultime une fois connue, la guérison est facile.
Il fut guéri en l'espace de cinq semaines. S'il en avait été

autrement, il aurait très probablement été interné dans un hôpital et peut-être pour toute sa vie.

Schizophrénie

D'une manière générale, la maladie mentale est plus facile à guérir et à traiter, car le malade est plus souvent en meilleure santé corporelle que les malades ordinaires.

Monsieur Y, fils aîné (26 ans) d'un docteur indien à Nairobi, Kenya, est devenu schizophrénique vers la fin de ses études à Oxford. Renvoyé aux Indes, il était enfermé dans un hôpital depuis deux ans sans aucun espoir. Transporté dans la clinique du Dr. A. qui traite ses malades par mes directives avec un de mes disciples à Madras, il est redevenu tout-à-fait normal en deux semaines, toujours par mes directives diététiques préparatoires.

Un billionnaire insensé

Un billionnaire qui s'appelait K... (45 ans), propriétaire d'une grande maison de couture de premier ordre de Nairobi, Kenya, souffrait de la peur. Il ne pouvait pas sortir et faire un seul pas hors de chez lui. Il se renfermait toute la journée dans sa chambre, ne voulant voir personne depuis sept mois. Il a dépensé, dit-il, plus d'une quinzaine de millions de francs (français) pour être traité par deux douzaines de médecins spécialistes des Indes et de l'Angleterre. En vain. Il a tenté de se suicider à plusieurs reprises.

Ma femme aida sa femme pour lui faire suivre mes directives préparatoires dans la cuisine pendant trois jours. C'était dans l'après-midi du quatrième jour que ma femme l'accompagnait jusqu'à sa maison de couture, au sujet de laquelle il était très inquiet à cause de son absence prolongée Il y resta jusqu'au soir tranquillement. Le cinquième jour, il était déjà parti tout seul pour se rendre à son bureau quand ma femme arriva chez lui. Tout de suite ma femme l'y suivit. Elle le trouva travaillant à sa table. Elle le surveilla pendant deux heures sans être aperçue par lui. Il continuait ses travaux en donnant de temps à autre des ordres appropriés à son personnel.

Nairobi, une grande ville de curieux malades

Je n'aurais jamais imaginé une ville aussi moderne dans l'est de l'Afrique. C'est une ville pittoresque, fleurie, verdoyante, très fraîche, nettoyée par la pluie durant la nuit et des bâtiments très modernes. Je n'avais jamais vu une ville semblable ailleurs. Mais, « plus beau le front, plus laid l'envers » : Au bout de trois jours, je reçus des demandes de consultation si nombreuses, que le jardin du consul japonais où nous logions était rempli de voitures tous les matins de bonne heure, pendant les trois mois de mon séjour. C'était une ville avec de curieuses maladies. Beaucoup de malades venaient de loin : de Monbassa, de Kampala, d'Uganda, etc., par avion. Nous avons été invités et sollicités même de Dares-Salaam, Tanganyika, par avion.

J'ai vu, à cette occasion, le mauvais côté biologique de la ville moderne. Il y avait, parmi ces malades, plus d'une vingtaine de billionnaires et hauts fonctionnaires.

L'un d'eux était fils unique (18 ans) d'un haut commissaire d'un pays étranger. Il était mou comme une poupée en éponge mouillée. Tous ses membres tremblaient, sa tête tombait dans toutes les directions lorsqu'il voulait se lever. Il marchait en dansant avec ses quatre membres tremblants, comme un acrobate sur une corde tendue. C'était insupportable à regarder Il avait évidemment consulté des médecins de tous côtés, soit à Londres, soit à New-York..., mais tout avait été vain. De plus, il était sourd-muet.

Quelle tragédie d'avoir un tel enfant unique. Il était pourtant nécessaire d'apprendre ce qu'est la véritable foi à ses parents qui violaient, sans le savoir, la loi de la nature, sous tous ces climats étrangers où le père devait aller comme haut diplomate.

Un avocat-général anglais (45 ans), H..., par son nom, souffrait de la vue. De temps en temps il avait des périodes de cécité complète. Il avait une habitude enfantine sucer et manger ses ongles. Tous ses ongles étaient rognés très courts. Comme Epictète disait : « Tous ceux qui ne sont pas heureux dans ce monde sont des criminels qui ont violé la loi de la nature ». Donc, tous les malades devraient être envoyés en prison et tous les criminels qui ont violé la loi de l'homme devraient être envoyés à l'hôpital, comme Samuel Butler le dit dans son livre

«Erewhon». « Vous devez le lire, ou le relire, pour vous ouvrir de nouveaux horizons », dis-je. Quelle tristesse d'avoir un juge qui suce et mange ses ongles !

Un autre millionnaire avait trois fils, idiots !

K. N. (63 ans), propriétaire d'une grande plantation à Tanganyika, à deux fils, tous les deux M. A. d'Oxford, très fidèles à leurs parents apoplectiques.

D'après leur physionomie, le fils aîné est déjà atteint d'une maladie cardiaque «incurable», le cadet, très élégant en apparence, mais au fond très arrogant et égoïste, n'avait pas la possibilité d'avoir des enfants. J'ai vu que la famille sombrerait dans un avenir très prochain.

A un autre jeune millionnaire qui m'avait invité à prendre le thé, j'ai donné le petit conseil suivant :

« Vous avez une tendance à être mal compris par vos amis, et la maladie de votre fille (âgée de 5 ans, atteinte depuis 3 ans) entrera en crise dans dix jours d'ici. Vous devez transformer complètement votre philosophie de la vie, votre diététique, votre manière de vivre et surtout la manière de penser de votre femme (qui a perdu la bonne mémoire).. Enfin, votre attitude d'intransigeance doit être entièrement abandonnée... »

« C'est vrai. Je suis toujours mal compris par mes amis et même par mes frères. Je vais justement couper toute relation avec mon frère aîné, à propos de notre magasin de nouveautés dont je suis un des co-directeurs ; mais mon frère est trop dictatorial. Bien que tout mon capital ait été versé dans le magasin, je voudrais le quitter... »

Je l'avertis d'être très prudent, patient et sage. Il avait une maladie de foie. La maladie de foie est produite par une nourriture trop riche en protéines animales et par l'excès de sucre. Sa fille unique était la victime d'une telle alimentation de luxe.

Trois jours après, son frère mourut subitement d'une attaque cardiaque. Je l'appris par la presse. Il a gagné sa fortune puisqu'il n'avait pas quitté son entreprise, mais il allait perdre sa fille unique... Chacun doit payer...

J'en ai vus tant d'autres, millionnaires, grands hommes politiques, et des pauvres. Telle est la vie à l'envers de cette ville si pittoresque.

Pour finir ces histoires vécues et si tristes, je vais vous en raconter une autre un peu comique :

Il ne faut pas guérir la maladie, mais il faut guérir le malade.

C'était vers la fin de la guerre, un jour de 1944. Le directeur d'une compagnie pharmaceutique vint me consulter. Il avait gagné une fortune en fabriquant un produit spécial pour l'asthme.

« Aujourd'hui je suis venu pour vous demander vos directives diététiques ».

« Alors, vous êtes malade ? »

« Oui, j'ai un asthme "incurable" ».

« De l'asthme ? Mais vous avez votre très fameux médicament... »

« Ah, cela ne vaut rien ! »

« Mais vous en vendez énormément... »

« On peut vendre n'importe quel produit si on dépense mensuellement de grosses sommes en propagande dans les journaux ».

« Alors votre produit n'est pas du tout efficace ! »

« Mais vous devez bien le savoir, vous qui écrivez toujours qu'il n'y a aucun médicament, ni opération qui le guérisse ».

« Mais le vôtre, qui se vend si bien... »

« Mon cher maître, vous ne savez pas ce que sont les affaires et l'industrie d'aujourd'hui... J'avais commencé non pas pour faire une grosse fortune, mais pour fabriquer de bonnes drogues, qui soient efficaces et meilleur marché, pour les diffuser dans le monde entier. J'ai gagné une fortune, mais je n'ai pas pu réaliser mon rêve. Plus je gagne, plus mon rêve s'éloigne. Et maintenant je souffre d'asthme depuis de longues années... Cela va sans dire que j'ai essayé tous les moyens... en vain. Votre méthode est mon dernier espoir. Je la connais bien. D'ailleurs c'est grâce à votre méthode que ma femme et mes enfants ont été rétablis il y a dix ans et qu'ils se portent bien depuis... »

« C'est très bien, j'en suis heureux ! Cela signifie que votre femme a bien compris ma méthode et ma théorie... Alors je n'ai rien à vous donner, vous n'avez qu'à suivre votre femme, c'est-à-dire mangez chez vous ce qu'elle prépare pour vous et rien d'autre ».

« Mais c'est très difficile... »

« Oui, je le sais. Vous devez manger tous les jours au dehors avec vos amis et vos clients. Vous n'avez qu'à choisir, la mort ou la vie, être ou ne pas être, la longévité ou la mort prématurée ».

Après une causerie très animée (puisqu'il est très Yang) et amusante, je le renvoyai sans lui donner des directives diététiques si banales.

Après son départ, ma secrétaire, Mlle Sima Moriyama, qui avait abandonné sa position très importante dans une école normale supérieure comme professeur de la nutrition, pour devenir une de mes trois secrétaires les plus fidèles, disait, moitié à elle-même et moitié à moi :

« C'est très juste. On n'a aucun besoin de donner des directives à un directeur d'une compagnie pharmaceutique qui fabrique et vend tant de poison pour gagner de grosses fortunes, avant qu'il réalise qu'une telle industrie est un grand crime, qu'il abandonne toutes ses affaires et publie sa confession dans les journaux... »

« Mais non, Mlle Sima, ce n'est pas la raison pour laquelle je l'ai renvoyé ce matin. Je crois qu'il ne veut pas suivre sa femme, bien qu'elle s'efforce de son mieux. J'ai réalisé ce matin, pour la première fois, qu'il doit être et rester asthmatique ; qu'il ne doit pas être guéri ! »

« Mais pourquoi ?... »

« Parce que, d'après notre physiognomie, nous avons vu qu'il a de mauvaises caractéristiques Yang, très difficiles à corriger. Il est trop Yang, n'est-ce pas ? »

« Oh oui. c'est vrai, il est trop Yang. Il fait beaucoup de bruit, soit en causant, soit en marchant... »

« C'est cela, il est trop Yang. Il a beaucoup d'amies secrètes, il ne peut pas être un mari fidèle. Ce sera très malheureux, non seulement pour sa famille toute entière, mais pour lui-même. Mais s'il est asthmatique, il doit être très prudent. L'attaque asthmatique est très violente et pénible. L'asthme, qui est une réaction de son système nerveux autonome, sert naturellement à contrebalancer ses excès. S'il était guéri maintenant, étant très Yang au fond, de combien de maux n'aurait-il pas à souffrir par la suite ».

« Yin attire Yang et Yang attire Yin. C'est la loi de la nature. La nature est autonome. Elle maintient un bon équilibre par ses deux forces antagonistes et fondamentales. Si l'on prend trop de Yang, cela veut dire qu'on est Yin ou c'est pour apprendre notre faute. Si on ne comprend pas ce mécanisme, on périt. Mlle Sima, il ne faut pas guérir la maladie, mais il faut guérir le malade, comme je vous le dis toujours... Alors, quelques fois, vous pouvez refuser de traiter... si le malade est trop égoïste et attendre jusqu'à ce qu'il devienne plus humilié pour apprendre ».

Les étapes de la maladie

D'après notre médecine de l'Extrême-Orient, on peut considérer les étapes de la maladie comme suit :

(1) Une vie sans ordre (la famille ou des parents indisciplinés, lâches, ingrats, chaotiques).

(2) Bas jugement (capricieux, sensoriel, sentimental, conceptuel, exclusif, maladie mentale).

(3) L'excès de Yin ou de Yang dans la nourriture (par amour ou par haine de certains aliments, aboutissant à un mal de tête, un mal à l'estomac, diarrhée, vomissement, etc.).

(4) Sympathicotonie ou vagotonie.

(5) Maladie des organes.

(6) Maladie psychologique (émotionnelle).

(7) Maladie spirituelle.

Toutes les maladies ayant des rapports très intimes les unes avec les autres, il est difficile de les classer.

Mais on peut donner la localisation approximative d'une maladie dans l'une ou l'autre des étapes que nous allons décrire. Leur tableau représente l'arbre des maladies : La racine (1) est la vie indisciplinée, lâche et ingrate ; le tronc (2) est la basse faculté de jugement ; les branches sont les étapes (3), (4) ; (5) les fleurs de la maladie ; (6) et (7) les fruits.

L'étape (1) prépare toute la maladie physiologique en plusieurs années, dix ans au moins. L'étape (2) voit la germination de la maladie (rhume, fatigue, etc.). L'étape (3) apparaît plus ou moins soudainement, mais elle est déjà préparée depuis de nombreuses années, parfois des dizaines d'années (thromboses, coups de soleil, etc.). L'étape (4) pendant laquelle se préparent des maladies graves : déformation ou destruction des organes (des dents, des yeux, du cœur, etc.). L'étape (5), le terminus de la vagotonie ou de la sympathicotonie. L'étape (6), paranoïaque, émotif, facile à perdre le tempérament, trop agité, trop silencieux, pas de sociabilité, perte complète de la patience, exclusivisme, etc. et les dualistes, y compris les dualistes qui prétendent être monistes et qui ne peuvent pas tout embrasser, surtout les oppositions.

L'idiotie, l'imbécillité et l'insanité appartiennent à l'étape (2). La lèpre, l'épilepsie, le cancer du sein aussi, à l'étape (3). Mais des ulcères et cancers gastriques ou hépatiques se localisent à l'étape (5), ainsi que le diabète.

Quant aux ictères, il y en a de deux sortes, l'une appartient à l'étape (6), l'autre à l'étape (2).

Il est évident que les maladies élémentaires telles que (1), (2) et (3), sont beaucoup plus faciles à guérir, tandis que les autres sont plus difficiles. Le plus difficile, c'est un caractère intolérant.

Dans n'importe quelle maladie, il faut commencer par traiter depuis l'étape la plus élémentaire : la vie indisciplinée, lâche et ingrate. C'est-à-dire qu'il faut enseigner avant tout au malade le « vivere parvo », une vie indépendante et autonome. Faute de traiter la racine de la maladie, il n'y aura aucune guérison fondamentale.

Notre accroissement physiologique doit être dans la direction tout-à-fait opposée à celle de la maladie. Mais beaucoup croissent dans la même direction que la maladie, guidés par l'éducation matérialiste professionnelle moderne.

Autrefois, l'éducation de l'Extrême-Orient s'efforçait davantage de former la constitution mentale, en sacrifiant la constitution physique.

A présent, il y a beaucoup d'étudiants qui meurent à mi-chemin de leurs études par tuberculose, nervosité, etc. C'est la sélection naturelle, c'est la compétition pour vivre. Il n'y a aucun besoin de protéger les étudiants malades, mais on doit supprimer une telle éducation, qui produit de tels étudiants. Ainsi, on peut économiser beaucoup.

J'aime et j'admire l'esprit sportif des Anglais et l'esprit « frontier » des Américains. Le véritable fort doit être et peut être le vainqueur heureux, la justice absolue étant la plus forte. Le fort ne peut être produit que par la justice. La médecine de l'Extrême-Orient est la technique pour produire des sujets forts biologiquement, physiologiquement et pourvus d'une solide logique, d'après le Principe. Mais cet esprit est perdu depuis longtemps. C'est pourquoi tout l'Extrême-Orient a été colonisé physiquement ou intellectuellement par des occidentaux en un ou deux siècles. La médecine en est la partie responsable, par son oubli de la théorie du Principe Unique. La théorie sans la pratique ne vaut rien, la pratique sans la théorie est dangereuse. La vieille médecine orientale avait été chassée par la médecine occidentale jeune, qui disposait de nombreux instruments symptomatiques. Tout ce qui a un commencement a une fin. Les médecins extrême-orientaux qui avaient oublié le Principe Unique ont disparu. Quant à la médecine de l'Extrême-Orient, son Principe Unique est éternel et infini.

Le développement de la maladie
(ses racines (1), tige (2), branches (3) et (4), fleurs (5)
et fruits (6) et (7).

Maladie spirituelle	7	Arrogance, esclusiviste, égocentrique, mauvaise mémoire, précopernicien, etc.
Maladie psychologique	6	Dualiste, spiritualiste, matérialiste, etc.
Maladie des organes	5	Maladie cardiaque, ulcères gastro-duodénaux, menstrue irrégulière, asthme, diabète, cataracte, etc.
Vagotonie ou **sympathicotonie**	4	Rhumatisme, perte de cheveux, maladie de foie, crampe, crampe des écrivains, etc.
Excès de **YIN** ou de **YANG**	3	Vomissement, diarrhée, gastralgies, gastro-entérite, etc.
Bas jugement	2	Idiot, imbécile, lèpre, épilepsie, constitution paranoïaque, etc.
Vie indisciplinée	1	La famille malheureuse.

Les deux Mains mystérieuses

Il y a beaucoup de mystères.

Ainsi le petit oiseau se couvre de belles plumes, puis vole avec aisance dans toutes les directions, (bien mieux qu'un avion dont le ronflement est si désagréable) et qui chante toujours d'une manière si charmante. Quel être merveilleux !

Un tout petit grain, qui absorbe un peu d'eau, s'ouvre, pousse de petites feuilles et croît de jour en jour, pour devenir une belle plante qui donne enfin des milliers de grains... C'est aussi un mystère !

Pourquoi le petit grain absorbe-t-il de l'eau ? Par quel processus ? C'est encore une énigme !

Mais regarde le soleil, cette boule grandiose et flamboyante ! Pourquoi ne tombe-t-elle pas ? Pourquoi donne-t-elle de l'énergie ? Pourquoi marche-t-elle si régulièrement sur notre tête depuis des siècles et des siècles ?...

Personne ne peut répondre. Toutes ces choses sont des mystères ! Pas un seul mystère n'a été dévoilé depuis le commencement de notre terre. Ce que nous avons appris depuis des milliers d'années n'est qu'un point géométrique, infiniment petit vis-à-vis de tous ces mystères...

Mais il y a un autre mystère qui nous touche de près : l'homme, cet inconnu ! Il renferme une multitude de mystères. Si vous pouviez comprendre cet inconnu, tout deviendrait compréhensible. Pourquoi et comment son cœur bat-il continuellement, jour et nuit ? par qui est-il contrôlé ? Quel est le mécanisme de l'automatisme cardiaque ? Quel est le processus chimique du fonctionnement et de la transformation des protéines dans l'estomac, qui se répète inlassablement durant toute la vie ?

Le plus grand mystère est la mémoire ! Elle est la base de toute notre connaissance. Notre compréhension, notre jugement, notre expression, notre pensée, notre action, tout dépend d'elle. On l'appelle « tabla rosa ». C'est un autre nom du « mystère ».

La vie est pleine de mystères.

La physiologie moderne est sur la piste de ce mystère : le système nerveux végétatif, qui est composé des deux systèmes antagonistes, l'orthosympathique et le parasympathique.

Le nerf orthosympathique est dilatateur. Il s'occupe de toute dilatation, de l'expansion de tous les tissus et de tous les organes de notre corps. Au contraire, le nerf parasympathique contrôle toute constriction.

Celui-ci véhicule une énergie Yang, centripète, tandis que celui-là véhicule une énergie Yin, centrifuge.

Notre corps est donc sous l'influence de deux forces fondamentales antagonistes : Yin et Yang. Elles sont les deux mains mystérieuses qui animent tous nos organes. Voilà, nous sommes sur la piste de cet inconnu, l'homme.

La santé n'est qu'un bon équilibre établi entre ces deux systèmes antagonistes. La maladie n'est donc qu'un déséquilibre passager ou chronique entre ces deux forces opposées. Le déséquilibre passager s'exprime par des maladies appartenant aux catégories (1), (2) ou (3), tandis que le déséquilibre chronique s'exprime par celles des catégories (4), (5), (6) ou (7).

Il faut donc établir un bon équilibre entre ces deux systèmes pour jouir d'une bonne santé. Mais quelle est la raison du déséquilibre ? Il va sans dire que c'est notre alimentation et rien d'autre ! L'excès d'aliments Yin rend le système orthosympathique prédominant, alors que par l'excès d'aliments Yang c'est le système parasympathique qui prédomine. (Mais, il ne faut pas oublier que c'est Yin qui anime Yang tout d'abord et que Yin à la longue ou en excès neutralise Yang et fortifie Yin et vice-versa).

Nous ne sommes que des marionnettes animées par ces deux systèmes nerveux. En ce sens, nous ne sommes pas du tout autonomes. Voilà l'origine de la négation de la vie, du fatalisme. Mais, si nous pouvions contrôler cet équilibre par la nourriture quotidienne, nous pourrions devenir notre maître. Ce que mes directives diététiques préparatoires vous recommandent, n'est pas autre chose qu'un choix des aliments, en vue d'établir dans tous les cas un bon équilibre entre ces deux systèmes antagonistes (Il est évident qu'il y a des aliments spécifiques selon la constitution individuelle, le climat, les activités et la maladie).

Mais mes directives préparatoires étant le résumé essentiel de mes longues études, elles sont applicables à tout le monde et peuvent établir avec des aliments spécifiques une bonne santé et cela d'une manière générale au bout d'un certain temps).

Après tout, notre santé, notre bonheur, notre liberté et notre compréhension dépendent physiologiquement d'un bon équilibre entre les deux systèmes nerveux. En même temps, l'equilibre dépend physiologiquement ou mentalement de la constitution-conception de l'univers que nous avons déjà étudiée dans les chapitres I et VII de ce livre, auxquels je vous renvoie.

Nous verrons ces deux systèmes un peu plus profondément : le dilateur-relâcheur et le constricteur, Yin et Yang, qui sont dans notre corps les manifestations des deux forces universelles, la force centripète et la force centrifuge.

Si vous donnez un stimulus au système orthosympathique, le cœur répond par une activité plus intense, tandis que l'estomac ralentit ses activités. Pourquoi ces deux tendances antagonistes sont-elles produites par la même excitation des nerfs sympathiques ?

Les étudiants se trompent souvent ; il est naturel qu'ils aient des difficultés à se rappeler correctement ces effets opposés, mais non pour ceux qui connaissent l'antagonisme des deux systèmes et peuvent définir Yin et Yang du cœur et de l'estomac.

Le cœur étant compact, solide, lourd, rougeâtre, plein de sang, élastique, a toutes les caractéristiques Yang. Le cœur est donc Yang Par conséquent, c'est très naturel qu'il réponde à un appel du système Yin, orthosympathique. Il est Yang, donc il est actif, très actif, durant les jours et les années et il a cette possibilité être actif continuellement, comme cela a été prouvé par le Dr. Alexis CARREL. Il est notre moteur et le moteur est Yang.

L'estomac est Yin, car il est plus vide que le cœur, il a moins d'élasticité et d'automaticité, il est relativement passif, sécrétant abondamment le suc gastrique et se fatiguant très facilement. Or, Yin ne peut pas être attiré par Yin, mais l'exclut. Par conséquent, le stimulus transmis par le système orthosympathique ne l'actionne pas.

Avec un stimulus donné au système Yang, parasympathique, le cœur ne répond pas et l'estomac se contracte très vivement.

Ce mécanisme de l'orthosympathique et du parasympathique contrôle toutes les activités de nos organes. La prédominance de l'orthosympathique sur le parasympathique est appelée sympathicotonie et la prédominance du parasympathique, la parasympathicotonie ou vagotonie.

Sans savoir ce double antagonisme entre les fonctions des deux systèmes sympathiques et les fonctions des divers organes, on est perdu dans le labyrinthe dualistique de Yin et Yang. De plus, il y a certains phénomènes ou fonctions physiologiques des mêmes organes produits tantôt par un stimulus orthosympathique tantôt par un stimulus parasympathique : sudation, salivation, constipation, etc., parmi tant d'autres. Chose plus compliquée et plus intéressante : un stimulus physique et extérieur Yang produit une fonction Yang (au lieu de Yin) en stimulant tout d'abord et paralysant ensuite le système orthosympathique (Yin) et vice-versa selon la répartition des deux systèmes sympathiques et la dose de stimulus.

Sans savoir ce mécanisme simpliste dualiste de Yin-Yang à plusieurs niveaux, on est obligé de dire que rien n'est simple dans le domaine symptomatique, qu'il n'est pas possible de rattacher l'un des effets au parasympathique et l'autre à l'orthosympathique et que suivant l'effecteur considéré, c'est tantôt l'orthosympathique qui est activateur et le parasympathique qui est inhibiteur, tantôt l'inverse sans qu'il soit possible d'en trouver une raison logique. C'est la logique d'un dictateur le plus orgueilleux et le plus brutal qui condamne un innocent à mort sans savoir la vérité ou faute de la preuve contraire. C'est la logique d'un simpliste qui nomme un raisonnement « chaos » ou un mécanisme « magique » ou « mystique » puisqu'il ne peut pas comprendre. Telle logique condamne tout ce qu'elle ne connaît pas comme «faux».

Le tableau suivant est trouvé dans un petit livre, l'auteur duquel dit qu'il n'y a aucune règle générale de l'antagonisme entre les fonctions des deux systèmes sympathiques et qu'il existe des cas où cet antagonisme fait défaut. Regardez-le bien. Si vous aviez bien compris le Principe Unique, vous y trouverez la règle générale de l'antagonisme entre les fonctions des deux systèmes sympathiques, la raison la plus logique et simple et la plus merveilleuse.

Viscères	Parasympathique	Orthosympathique
Tube digestif	activation	inhibition
Sphincters lisses	relâchement	contraction
Vessie	contraction	relâchement
Cœur	inhibition	accélération
Bronche	resserrement	dilatation
Glandes salivaires	sécrétion	sécrétion spéciale
Iris	constriction	dilatation
Formations cutanées	pas d'innerv.	contraction
Rate	pas d'innerv.	activation
Vaisseaux	dilatation	constriction
Glande médulosur-rénale	pas d'innerv.	sécrétion

Vous avez maintenant bien compris un aspect phy-siologique de l'antagonisme des deux forces universelles Yin et Yang, que l'on retrouve à tous les niveaux : physi-quement, chimiquement, biologiquement, psychologi-quement, sociologiquement et idéologiquement, etc.

En réalité, dans cet antagonisme il y a un complé-mentarisme, Yin et Yang sont contrebalancés. En effet, plus l'un d'eux devient fort, plus l'autre est attiré et ceci jusqu'à un point extrême où le premier est neutralisé. Toute maladie n'est qu'une expression de ce processus. En ce sens, il ne faut pas guérir n'importe quelle maladie, parce qu'elle se règle elle-même. La maladie a sa raison d'être. Mais si vous voulez exercer cette liberté dont l'homme est privilégié, vous pouvez vous amuser à modifier ce processus.

CONCLUSION

Je vous ai montré très sommairement une esquisse de la médecine de l'Extrême-Orient. Maintenant, vous devez avancer tout seul. Le premier pas que vous avez à faire est d'essayer mes directives diététiques préparatoires. Je les répète : *Ne mangez pas de sucre blanc chimique et tout ce qui est sucré ! Recherchez la quantité minimum d'eau qui est nécessaire à votre existence et qui vous permettra trois mictions (chez la femme) ou quatre (chez l'homme) par vingt-quatre heures ! Diminuez les produits animaux, surtout sous un climat chaud ou si vous vous en rapprochez, autant que possible ! Évitez les produits alimentaires industriels, surtout les aliments colorés, importés de loin ! L'économie du libre-échange viole la loi de l'univers dans l'alimentation, par conséquent notre santé. Évitez les fruits.*

Votre nourriture doit comprendre 60 à 70 % de céréales et 20 à 25 % de végétaux bien cuits ou bien frits. (Évitez les pommes de terre, tomates et aubergines !)

Il faut assaisonner avec du sel et employer de l'huile végétale, surtout sous un climat tropical ! La préparation culinaire peut être à la manière française, chinoise ou indienne ! (Pas de vinaigre).

Mastiquez ,aussi complètement que possible, en mo-
yenne au moins une trentaine de fois par bouchée !

Au fur et à mesure que votre constitution se modi-
fiera, vous progresserez dans la discrimination du Yin-
Yang et le jugement supérieur, vous verrez de nouveaux
horizons de la médecine extrême-orientale.

Il faut relire des livres de physiologie, de biologie,
d'anatomie, de logique, de physique et de chimie, avec les
« lunettes magiques » qui s'appellent le Principe Unique
ou Yin-Yang. Vous trouverez de nombreux problèmes
abandonnés ou nouveaux qui sont très intéressants et
même distrayants, à la manière des puzzles. Même en
lisant des romans, vous rencontrerez des choses très
instructives. Par exemple, en lisant «Heidi», vous serez
étonné et comblé de joie en découvrant comment le
vieillard qui habite le sommet de la montagne guérissait
la poliomyélite (maladie Yin) d'une petite fille avec du lait
de chèvre (Yang, beaucoup plus Yang que celui de vache) !
Comment et pourquoi il choisit la chèvre qui se nourrit
des plus petites herbes (les plus Yang).

Si vous aviez la bonne fortune de trouver une traduction de «Charak-Samhita » (le plus grand livre de la médecine de l'Inde, la partie I la plus importante), de la
« Bhagavat Gita » (le premier livre de la philosophie de
l'Inde), « Somon » ou « Ni-King » (le grand livre de l'empereur Houan), « Tao-te-king » de Lao-tse, « I-king » (le
livre du Principe Unique de tous les changements, rédigé
par CONFUCIUS et dans lequel il faut lire seulement les

dix petits chapitres de l'appendice, sur la cosmologie ou la constitution-conception de l'univers), «Le Livre du Thé» de Tensyn Okakura, mais pas d'autres livres orientaux. Tous les livres de la médecine symptomatique de l'Extrême-Orient sont incompréhensibles et inutilisables, avant que vous compreniez le Principe Unique assez profondément.

Donnez les directives diététiques à vos amis ou à vos malades et observez très minutieusement tout ce qui se passe ensuite. Il n'y a là d'ailleurs aucun danger, à l'inverse des médicaments ou des opérations ! Adressez-moi toutes vos questions et objections ! Je vous répondrai avec le plus grand plaisir et le mieux possible. Je suis entièrement à votre disposition. Il n'y a aucun autre moyen d'étudier la médecine de l'Extrême-Orient.

Si après vous avoir écouté à propos des aliments à éviter, quelqu'un vous demande parfois : « Que pouvons-nous donc manger ?... »

Celui qui vous interroge est simple de mentalité, égocentrique et trop attaché à son goût. Voilà la vraie cause de sa maladie et de son malheur C'est une confession involontaire de son égoïsme, de son péché originel et journalier qu'il commet sans le savoir.

Il ne savait pas qu'il y a des centaines de sortes d'aliments dans n'importe quel pays du monde entier sauf quelques pays tout-à-fait exceptionnels et qu'un bon cuisinier peut préparer une centaine de plats variés, d'une manière tout-à-fait différente, avec la même matière.

Le plus grand restaurant de Tokio est «Tokio Kaikan». Il y a plusieurs grandes salles et une centaine de salles à manger particulières. On peut y goûter la cuisine française, italienne, anglaise, chinoise ou japonaise et même la bouillabaisse de « Prunier ».

Le maître cuisinier de ce restaurant, M. T. Tanaka, a avoué, dans une conférence publique, qu'il est convaincu de la supériorité culinaire et physiologique de la préparation d'après le Principe Unique. « Nous pouvons préparer n'importe quel plat à "Tokio Kaikan" pour nos clients, mais pour moi je préfère les plats préparés par ma femme, d'après la méthode de Maître Sakurazawa » ajouta-t-il.

L'art culinaire est l'art de la vie. Notre santé, par conséquent notre bonheur, notre liberté et même notre faculté de jugement (justice), sont sous l'influence de cet art. C'est pourquoi, seul le meilleur disciple, peut être nommé cuisinier dans les grandes écoles ou monastères bouddhiques les plus traditionnels.

La préparation culinaire est, en réalité, si importante, si fondamentale pour faire réaliser à l'homme son Illumination ou Réalisation de Soi, d'après la tradition de l'Extrême-Orient.

Le plus grand bâtiment dit «Santé-Bonheur», ou « Liberté-Paix » de l'humanité, doit être construit sur cette fondation biologique, physiologique et logique.

Si vous n'êtes pas bon cuisiner, vous n'avez qu'à étudier l'art culinaire.

Si votre préparation ne plaît pas à votre malade, s'il perd son appétit plus ou moins et si parfois il ne mange pas, vous n'avez pas besoin de vous inquiéter. Tous les malades étant gourmands (et vice-versa), consciemment ou inconsciemment, la diminution de la nourriture et le jeûne sont nécessaires et même recommandés. Jésus, Bouddha et bien d'autres maîtres les pratiquaient et les recommandaient .

Après quelques années de recherches et d'observations et surtout de pratique en ce sens, vous pourrez étudier la médecine symptomatique de l'Extrême-Orient si vous le désirez ou si vous en voyez la nécessité. Vous y trouverez de nombreux médicaments extraordinaires et merveilleux.

CHAPITRE VI

L'ORDRE DE L'UNIVERS
(ET LA CONSTITUTION DE L'HOMME)

Le monde, avec tout ce qui s'y trouve, est produit par les forces antagonistes fondamentales Yin et Yang, la force centrifuge et la force centripète.

Ces deux forces fondamentales contrôlent chacune l'autre, ainsi que tous les changements et les phénomènes de ce monde. Tous les produits et tous les phénomènes qui sont manifestés : « Les cieux eux-mêmes, les planètes et le centre » (par ces deux forces antagonistes) «observent degrés, priorité et place, persistance, course, proportion, saison ; forme, office et coutumes, dans toute une ligne d'ordre» (« Troïlus et Cressida »).

Cet ordre de l'univers est la base de toute la philosophie, de toutes les grandes religions et de toute la civilisation de l'Extrême-Orient. C'est une grandiose conception de la vie et de l'univers. C'est la constitution de l'univers. C'est l'image de l'infini, de ce qui est éternel. On peut donc la nommer la vérité.

En même temps, c'est la logique universelle qui peut embrasser la logique formelle dualiste kantienne, rigide, contradictoire, dogmatique, utilisable seulement dans ce monde de relativité et « backbone » de la civilisation moderne et de toute science. Cette logique formelle de Kant est la cause de tous les maux et de tous les malheurs de l'humanité moderne. La logique universelle étant une dialectique pratique, elle peut embrasser la dialectique marxiste et hégélienne.

Jésus dit : « Connaissez la Vérité ! La Vérité vous donnera la liberté ». C'est sur cette vérité que j'insiste, car elle s'identifie avec l'ordre de l'univers, la conception de l'univers. Jésus appelle parfois cette vérité « la clef du Royaume des cieux ».

Cette clef a été perdue depuis longtemps et des professionnels religieux gagnent leur vie en distribuant des fausses clefs dites « la loi ». Je vais vous montrer le « blueprint » de cette clef en sept parties et de la manière suivante :

1. La loi d'inversion : « Ce qui commence se termine »

Il n'y a rien qui commence et qui n'ait pas une fin en ce monde de relativité. En entendant cette loi, beaucoup deviennent pessimistes. Mais c'est par cette loi que quelques-uns deviennent absolument optimistes, heureux pour toujours, même dans de grandes souffrances et des difficultés. C'est le cas, par exemple, de François-Xavier, libre comme un lion déchaîné, franc et honnête comme un enfant, extrêmement courageux comme la déesse de la justice.

Ceux qui sont sentimentaux et simplistes ne comprennent pas la vraie signification de cette loi et doivent passer une vie désespérée et déracinée.

Ceux qui sont aveugles vis-à-vis de la vérité (cette loi si évidente), cherchent la confiance dans la loi formelle et croient que le commencement est toujours un commencement et que la fin en est tout-à-fait indépendante ; mais il n'y a aucun commencement sans fin en ce monde relatif et tous deux sont toujours antagonistes. La grande joie se termine en grande tragédie. L'ignorance ou la pauvreté aboutissent à une connaissance élevée ou à une grande fortune. Le plus grand savant peut devenir le plus stupide (Faust) ; ainsi, s'il a une confiance absolue en sa connaissance, il peut devenir un grand orgueilleux et arrogant ; il ne se connaît pas lui-même.

Cette première loi de la logique universelle décompose complètement la loi d'identité de la logique. On apprendra bientôt qu'il n'y a pas deux électrons qui soient identiques.

Cette première loi d'inversion une fois comprise, rien ne doit vous effrayer. N'ayez aucune crainte au sujet des grandes difficultés qui vous torturent ou des ennemis qui vous attaquent, puisque tout ce qui commence se termine. Si vous ne pouviez pas les vaincre, vous n'avez qu'à attendre, puisqu'ils doivent tous périr tôt ou tard. Ce qui importe, c'est votre santé.

Vous n'avez pas besoin d'arme ! Vous avez la force la plus grande et la plus puissante force : la justice absolue, la constitution-conception de l'univers.

2. *La loi- de devant-derrière : « Il y a toujours une face à un dos »*

Le front et l'arrière sont opposés l'un à l'autre, mais ils sont indispensables et complémentaires l'un de l'autre. Sans front, pas de dos.

La science moderne, la logique kantienne ne voient que le front ou le dos et négligent l'autre côté. L'industrie cherche l'avantage et ignore que le plus grand avantage s'accompagne toujours du plus grand inconvénient. La médecine symptomatique attaque les symptômes et néglige le dos, la raison d'être de la maladie, la signification et l'importance de la maladie, la grande loi de la sélection naturelle. C'est un peu comme fusiller un prétendu criminel, en laissant en liberté le véritable responsable, sans jamais penser que l'on a condamné un homme courageux et honnête.

Le dos, votre opposé, est le plus grand bienfaiteur de la face, puisque la face ne peut pas exister sans le dos. La maladie est le dos de la santé, vous ne devez pas et vous ne pouvez pas la détruire à n'importe quel prix.

Le dos est la signification de la face !

LA CONSTITUTION DE L'HOMME   169

3. *La loi de non identité : « Rien n'est absolument identique à autre chose en ce monde »*

Tout ce qui existe en ce monde n'a rien qui lui soit absolument identique dans le temps et dans l'espace, car chaque chose est respectable, individuelle et unique. Il est tout-à-fait inutile et nuisible de vouloir créer des lois qui régissent tout. Toutes les lois risquent d'être fausses, tant qu'elles sont basées sur la logique inductive et formelle. Mais il ne faut pas déclarer si bravement et si honteusement (comme J. FRANCK, de la Cour Suprême des États-Unis) qu'il n'y a pas une seule loi qui soit absolument juste en ce monde. En effet, il y a une loi absolue : l'ordre de l'univers, Yin-Yang. L'absolu, l'infini et l'éternel ne sont que trois noms de l'Un, qui n'a aucune identité.

4. *Loi de la balance : « Plus grand et plus large le front, plus grand et plus large le dos »*

L'homme le plus brutal est, en réalité, le plus sentimental, le plus faible et le plus simpliste. Le plus beau extérieurement est le plus laid intérieurement.

Mais vous pouvez transformer la beauté en laideur, la difficulté en facilité, la grandeur en petitesse et vice-versa, si vous êtes muni du Principe Unique.

5. *Le changement n'est que la différenciation ou l'intégration des deux facteurs antagonistes et complémentaires : Yin et Yang. La stabilité est un équilibre.*

6. *Loi de la polarisation : L'infini-absolu-éternel se polarise en Yin et Yang.*

7. *L'infini-absolu-éternel est le moteur immobile de tout ce qui change, de la transformation incessante de Yin en Yang et Yang en Yin.*

Les six premières lois, (1) à (6), sont les lois du monde de la relativité, tandis que la septième est la loi de l'univers tout entier, y compris ce monde relatif qui n'est qu'un point géométrique de l'univers infini-absolu-éternel.

Cet ordre de l'univers est à jamais immuable. Toutes les constructions scientifiques, philosophiques, idéologiques ou sociologiques qui ne sont pas établies d'après cet ordre de l'univers, ou logique universelle, sont détruites tôt ou tard et aboutissent à un chaos tragique et total.

La constitution de l'homme

La constitution-conception de l'univers qui se manifeste dans la constitution de l'homme, peut s'exprimer de la manière suivante :

1. L'homme véritable a la liberté infinie ;
2. L'homme véritable connaît la justice absolue ;
3. L'homme véritable s'identifie à l'amour éternel.

Celui qui ne possède pas la liberté infinie n'est pas l'homme véritable, mais un homme déchu, un esclave ou une machine qui mange. Être libre ou non dépend seulement de la volonté humaine : ou le jugement suprême ou le bas jugement. L'homme peut connaître la justice absolue. Il ne devrait pas vivre autrement. La justice est une nécessité. On ne doit pas et on ne peut pas punir un criminel si on ne peut pas lui faire comprendre la constitution-conception de l'univers.

L'homme déchu est comme un animal qui veut distribuer le bonheur à ses semblables et qui ne peut le réaliser parce qu'il n'est encore ni libre, ni heureux, ni juste, son jugement étant voilé.

Le nombre d'amis intimes et fidèles est un signe de votre liberté, de votre bonheur et de votre rectitude. Celui qui peut aimer tous ceux qu'il rencontre, qui peut établir la justice là où il est, qui peut toujours être aimé de tous ceux qu'il connaît, celui-là est véritablement un homme libre, heureux et honnête.

On ne doit pas aider les autres à vivre une vie heureuse. Le bonheur, la liberté et la justice ne peuvent se distribuer. Le bonheur et la liberté sont d'autres noms de la justice. Le bonheur ne se distribue pas, de même que la justice. La liberté et le bonheur que l'on peut donner ne sont pas le véritable bonheur et la véritable justice, mais c'est une dette honteuse.

La démocratie moderne de John LOCKE est belle à regarder, mais en réalité elle est égoïste, sentimentale, défaitiste. Elle est négative. Elle n'a pas confiance dans l'homme. Elle se défend par la violence dite « loi ». Elle craint ; sa peur est le symbole de l'ignorance complète de la conception de l'univers.

L'homme peut être inférieur à l'animal, mais il a en lui la possibilité de devenir réellement humain et même divin.

La paix mondiale, ou la fédération mondiale, peut être établie seulement sur la base de la constitution-conception de la vie et jamais autrement. La morale et la religion ont complètement échoué. Elles n'ont pu éviter ni les guerres, ni les corruptions de l'homme.

L'homme doit réaliser lui-même qu'il n'est pas autre chose que l'infini-absolu-éternel. La réorganisation de la société n'est pas inutile ; mais l'homme infiniment libre, éternellement heureux et absolument honnête ne peut être créé par une institution sociale. La liberté peut être atteinte en certains cas grâce à l'esclavage, mais c'est la liberté en apparence. La liberté infinie n'aime que l'impossible et les difficultés de toutes sortes. Nous nous efforcerons de tout notre mieux à la réalisation de la vie, du « soi », pour l'émancipation de la nature humaine. Rien ne nous sera impossible dans cette voie, puisque nous savons ou nous pouvons comprendre cette constitution dialectique de l'univers, la vérité.

CHAPITRE VII

LA FACULTÉ SUPRÊME DU JUGEMENT

JUGEMENT SUPRÊME
(Amour absolu et universel qui embrasse tout et qui transforme tout antagonisme en complémentarité.)
7

JUGEMENT IDÉOLOGIQUE
(Jugement de la pensée et du penser) (La justice et l'injustice)
6

JUGEMENT SOCIAL
(Jugement de la raison sociale : morale et économie)
5

JUGEMENT CONCEPTUEL
(Jugement intellectuel, scientifique)
4

JUGEMENT SENTIMENTAL
(le désirable et l'indésirable)
3

JUGEMENT SENSORIEL
(l'agréable et le désagréable)
2

JUGEMENT PHYSIQUE
(Jugement mécanique et aveugle)
1

Notre bonheur dépend de notre jugement. La maladie ou la santé, l'intelligence ou la folie, la piété ou le vice dépendent de notre jugement. Notre jugement se dévoile de bas en haut vers la perfection dans un ordre que je propose ci-contre :

La spirale logarithmique des étapes du développement du jugement et de la formation morphologique du cerveau tout entier.

Au moment de la naissance, nous ne pouvons rien juger, pendant quelques dizaines d'heures.

Puis, le jugement physique, le plus élémentaire, s'éveille.

Après quelques jours, le jugement sensoriel commence à fonctionner et à percevoir les deux pôles de notre monde relatif : le froid-la chaleur. Il se développe de jour en jour et distingue peu à peu toute la gamme et les degrés situés entre ces deux extrémités : la couleur, la forme, la température, le goût agréable ou désagréable, la sympathie ou l'hostilité ; tout ceci en quelques semaines.

Après quelques mois, nous arrivons au jugement affectif. Nous distinguons ce qui nous attire affectueusement et ce qui nous fait peur ou mal, etc.

A la quatrième étape, le jugement développe en nous la vraie conception des deux catégories antagonistes : le bien et le mal, le beau et le laid, l'utile et l'inutile, l'aliment sain et le poison, le juste et l'injuste, ainsi que toutes les conceptions naturelles ou scientifiques, physiques, psychologiques, etc.

A la cinquième étape, le jugement devient social. Il aperçoit un horizon plus vaste qu'auparavant : l'économie et la moralité.

Enfin, à la sixième étape, l'idéologie se développe (dualisme, matérialisme, spiritualisme, affirmation ou négation de la vie, etc.).

C'est à la septième étape, la dernière, que notre jugement arrive à la constitution-conception de la vie et de l'univers, où nous pouvons embrasser toutes les oppositions pour établir la grandiose unification universelle.

Tel est, selon moi, dans ses grandes lignes, le développement naturel de notre jugement. Notre jugement est, en réalité, inné comme notre mémoire, il est la base de notre faculté d'adaptation. Son développement n'est que la réalisation de nous-mêmes, ou de la vie elle-même. Cette réalisation peut être brisée, déformée, arrêtée, sous l'influence du milieu biologique, physiologique et social durant notre enfance. C'est alors le commencement de notre malheur et la raison pour laquelle il y a des âmes qui sont arrêtées en cours de chemin. Leur jugement reste alors enfantin et primitif. C'est le cas de tous ceux qui cherchent la médecine symptomatique, de tous ceux qui aiment la fortune, la force, l'autorité, de nombreux politiciens fameux, de nombreux industriels, soldats, médecins, etc. Ils ne sont évidemment pas entièrement responsables de cet état ; mais grandement responsable en est leur milieu, car il entrave et arrête en cours de route le développement naturel et complet du jugement.

Les quatre premières étapes du développement sont égocentriques.

Il y a beaucoup de personnes qui se croient « pacifistes », mais en réalité sont sentimentales, simplistes, car leur jugement est de la troisième étape. Les véritables pacifistes et acteurs de la pais doivent posséder le septième jugement. Ces «pacifistes» sont ceux qui n'aiment pas la guerre. Ils ont peur de la guerre. C'est là la raison d'être de leur pacifisme. Ils ne connaissent pas l'origine de la guerre. Sans en connaître l'origine, on ne peut résoudre le problème.

On n'a pas besoin de craindre la guerre, mais on doit craindre son propre égoïsme, son sentimentalisme et manque de courage, qui peuvent être une des causes de la guerre. Cela est vrai pour tous, grands ou petits, philanthropes ou religieux, s'ils ne vivent pas selon le principe « vivere parvo ».

Il y a quelques peuples qui s'efforcent d'obtenir le jugement suprême en imitant les grands hommes de l'histoire. Mais il est évident que l'imitation est une erreur. Tel peuple est très pieux en apparence, méfiez-vous qu'il ne soit très égoïste. Si vous voulez voir ce que devient tel peuple, visitez l'Inde, le pays natal du grand Bouddha.

Vous y verrez un pauvre employé donner un sou à un mendiant dans les rues de Calcutta, un marchand mettre une ou plusieurs centaines de sous à l'entrée de son magasin, chaque matin, pour recevoir des mendiants qui viennent, prennent un sou chacun à leur tour et s'en vont sans rien dire. Il est interdit de dire « merci » puisque, d'après le bouddhisme ou l'hindouisme, les riches ont le devoir de donner et les pauvres de prendre. C'est un salut. Si le mendiant visite une dizaine de magasins chaque matin, il n'aura aucun besoin de travailler pour manger. Et il n'a pas besoin non plus d'acheter un habit, puisqu'on le lui donne de temps en temps, ni aucun besoin d'avoir un ménage ni une maison. On peut dormir n'importe où, soit sur un trottoir, soit dans un jardin. Il y a des centaines de milliers de mendiants et une dizaine de milliers de sans-logis à Calcutta, d'après « States-man ».

C'est un fait qu'il y a beaucoup de millionnaires philanthropes aux Indes. Ils s'occupent de la «distribution» de leur fortune qu'ils ont gagnée jusqu'à l'âge de cinquante ans (ce n'est ni par vanité, ni par hypocrisie, mais à cause de la discipline religieuse).

Les mendiants sont donc la raison d'être des millionnaires philanthropes et vice-versa et les riches et les pauvres la raison d'être des religieux professionnels.

Il y a de pauvres fonctionnaires ou employés qui distribuent de quoi manger à une ou plusieurs centaines de mendiants chaque matin, pendant des années et des années, comme contribution des voisins et des riches. C'est une industrie sociale. Ils sont depuis des siècles les représentants de l'esprit du bouddhisme, affecté de parasites innombrables dits « religieux ». «Plus belle est la face, plus laid le dos ! »

Tel est le dos de l'Inde, mère des grandes religions.

Telle est la fin d'un pays établi d'après le principe altruiste.

Mais, il ne faut pas oublier que «plus grande et plus large la face, plus grand et plus large le dos». Cela veut dire qu'en dehors de ces soi-disants philanthropes, il y en a quelques-uns qui sont vraiment des bienfaiteurs.

En tout cas, on ne peut pas être un homme du jugement suprême depuis le commencement. On doit tout
d'abord développer le jugement le plus bas. Et pour cela,
on doit supporter la chaleur, le froid, la faim et les difficultés les plus grandes, non seulement pendant son
enfance, mais toute la vie (vivere parvo !) et de plus en
plus avec l'âge. C'est-à-dire vivre une vie assez mouve-
mentée, une vie pleine de difficultés et de tristesse. On
doit aimer et être trahi. Une vie sentimentale désespérée...

Sans avoir vécu une telle vie, on ne peut pas et on ne
doit pas développer sa faculté conceptuelle du jugement.
Ensuite, c'est la vie sociale et la vie idéologique, à travers
lesquelles on développe son jugement jusqu'à la faculté
suprême Et le jugement suprême doit être fortifié,
développé et agrandi infiniment par des exercices du
jugement des basses catégories, en même temps que les
hautes catégories. Puisque « plus grand et plus large le
dos, plus grande et plus large la face ». Puisque les sept
étapes du jugement ne sont pas des étrangères indépendantes les unes les autres. Elles sont des phases différentes
du même jugement. Elles sont des tiges, des racines, des
branches, des feuillages, des fleurs, des fruits d'un grand
arbre qui s'appelle « Jugement ». Pour que des branches se
développent, et des fleurs et des fruits se produisent en
quantité, haut et dans un beau ciel, des racines grosses et
fines doivent être développées profondément dans la
terre noire. La bienfaisance imitée n'est que fleurs ou
fruits artificiels.

La fleur du lotus, fleur du Bouddha, est belle et noble, élégante et pieuse. Mais ses racines sont couvertes par la boue la plus souillée du fond de l'étang, pour produire et nourrir ces belles fleurs.

Il y a beaucoup de gens qui aiment et admirent les fleurs du lotus, mais ils ignorent ou détestent la boue souillée du fond de l'étang. Ils sont des sentimentaux ou des hypocrites, d'une mentalité étroite et superficielle. Il y a des gens qui aiment la vie pieuse, pure et philanthropique. Mais, s'ils se sont cachés dans les monastères ou dans des montagnes lointaines, ils ne sont que des égoïstes ou sentimentalistes.

Il y a des honnêtes et des malhonnêtes en ce monde. Ceux-là s'efforcent de vivre une vie pieuse, morale, philanthropique, honnête à tout prix et à chaque pas. La médecine de l'Extrême-Orient n'est pas pour eux. Celle-ci est destinée seulement et entièrement à des malhonnêtes qui violent la loi de la nature et ignorent la conception de la vie, des malades déclarés «incurables», des faibles et des pauvres.

Dans la religion aussi il y a des catégories antagonistes : la première pour les honnêtes, forts, pieux et confiants en soi ; la deuxième pour les malhonnêtes, misérables, pauvres, faibles et « incurables ». La religion Yin et la religion Yang. Le bouddhisme Hinayana, moral et pieux est le bouddhisme Yang. Le Mahayana, philosophique et non-religieux est Yin.

La médecine symptomatique, prophylactique, scientifique, macrobiotique ou sociale est Yang. La médecine philosophique, ou suprême, est Yin.

Tous les grands maîtres, tels que Jésus, Bouddha, Mahavira, s'adressaient toujours à un groupe d'hommes de toutes professions, de tous âges, de toutes classes, honnêtes et malhonnêtes, penseurs et esclaves. En conséquence, ils étaient obligés de parler en une langue simple, imagée et très compréhensible. Ils employaient toujours des allégories et analogies. Il est donc nécessaire qu'on distingue les paroles destinées spécialement aux honnêtes de celles destinées aux malhonnêtes.

La faculté suprême du jugement

Nous sommes nés munis du suprême jugement. L'empirisme, la logique formelle inductive et le principe de l'éducation moderne, simplistes et sentimentalistes tous les trois, s'opposent à ce que j'insiste ici. Mais le jugement est basé sur la mémoire. Sans mémoire il n'y aura aucun jugement. Le jugement est plutôt une activité de la mémoire. Ou ce qui constitue le jugement est la mémoire. Et cette mémoire est un mystère ; son origine, son mécanisme, son contrôleur, tout est inconnu. Qui peut créer la mémoire ? Comment ? Et pourquoi ? Et surtout de quelle manière ?

L'empirisme, la logique formelle inductive et l'éducation moderne ne peuvent pas répondre à de telles questions. La mémoire est la vie elle-même. Elle est l'infini. Et l'infini ne peut pas être composé de fini. La constitution-conception de la vie et de l'univers étant la conscience de l'infini-absolu-éternel lui-même, elle n'est pas autre chose qu'une activité de la mémoire. Mais l'empirisme, la logique formelle inductive et l'éducation ne savent pas l'infini, ni la vie, ni la conscience. Peuvent-ils imaginer l'infini par l'induction des finis ? Mais qu'est-ce que cette « imagination » ? L'imagination n'est qu'une autre activité de la mémoire.

De plus, nous avons d'autres facultés mystérieuses : la perception, la compréhension, l'élaboration des conceptions, la clairvoyance («extra-sensory-perception» ou « E.S.P .», d'après le Professeur RHINE, de Duke University), etc. tous sont des mystères. S'ils ne savent pas comment les expliquer et comment les contrôler, ils n'ont aucun droit d'insister sur l'importance de leurs théories, ces facultés mystérieuses étant l'identité de la mémoire infinie.

La mémoire est le mystère le plus grand et le plus important. Ma méthode, ma médecine prétendent offrir un seul art qui développe notre mémoire. Elle est donc très utile pour les étudiants, pour tous les enfants et surtout pour tous penseurs ou les grands hommes libres et heureux. Les grands hommes sont, sans exception, de grands penseurs. Et, sans exception, les grands penseurs ont tous bonne mémoire.

Si vous voulez vérifier ce que je dis, vous n'avez qu'à pratiquer mes directives diététiques préparatoires pendant quelques semaines. Ou bien, si vous les faites observer pendant trois mois à un enfant de dix ans, vous verrez que sa mémoire s'est développée extraordinairement et que ses études scolaires ont avancé énormément.

Sur l'existence de notre haut jugement avant notre naissance, je voudrais vous en parler très longuement dans une autre étude où je m'occuperai de l'embryologie.

Nos organes sensoriels reçoivent des ondes diverses du monde relatif et les renvoient au centre des nerfs, le sensorium. Le sensorium les renvoie aux divers centres du cerveau qui les décodifient et les reconstituent à nouveau pour les renvoyer au plus haut centre. Ce haut centre les lit et en comprend la signification, en les comparant avec des êtres et des phénomènes analogues dans le passé qui n'est qu'une partie de la mémoire, la spiritualité ou l'infini. Et c'est cette dernière qui reconstitue la nature de la matrice de ces ondes primordiales et transmet une commande, si cela est nécessaire, au cervelet. Ce dernier la renvoie à un organe, pour une action nécessaire en temps utile.

Le haut centre étant l'infini qui crée, anime, détruit et reproduit tout par ses deux mains antagonistes, sait tout, soit dans le passé, soit dans le présent ou dans le futur, puisqu'il est omniprésent, omnipotent et omniscient. L'infini garde et visionne tout, puisque tout est dans sa main depuis le commencement sans commencement jusqu'à présent et, en même temps, jusqu'au futur sans fin.

Vous devez regarder encore une fois la spirale logarithmique dans le chapitre IV. où nous avons cherché l'origine de notre corps physiologique et matériel, aboutissant à la fin à l'infini. C'est dire que notre centre qui pense, qui se rappelle, qui comprend et qui commande est l'infini lui-même et rien d'autre.

En japonais, chose curieuse, on appelle la tête de notre corps « Atma ». En sanscrit (et en russe aussi), « Atman » est un autre nom de Brahma, l'infini. En russe, « ataman » signifie le chef. On avait découvert l'identité de la tête qui pense, comprend et commande avec l'infini ! Quelle sagesse !

On dit souvent : « Dans la profondeur de mon cœur », « au fond de mon moi », « le Royaume des cieux est en toi» etc. « avoir de la tête », etc. Au commencement, « cœur », « moi », « toi », « tête », « Royaume des cieux », signifiaient la « vie » ou l'infini ou le suprême. Des simplistes myopes et daltoniens, les professionnels religieux ignorant l'infini ou la conception de la vie, les traduisirent littéralement et transformèrent la signification originale.

Notre tête, c'est l'infini, la mémoire, la compréhension, la faculté du jugement C'est la vie elle-même. Mais la physiologie et la psychologie s'efforcent à localiser le centre qui pense et qui juge, dans la tête, anatomiquement. Mais le secret de notre penser n'est pas encore éclairci.

L'infini étant unique et sans limite dans l'espace et le temps, embrasse tout infiniment, le passé et le futur, comme le présent. C'est un peu comme l'auteur d'un roman. Il sait toute histoire en détail, puisqu'il est le créateur de cette histoire. Nous aussi. après avoir lu, nous pourrons tout nous rappeler. Puisque nous, l'auteur et nous, avons la même mémoire, nous sommes un.

L'homme est un récepteur de radio et le poste émetteur l'infini. Ce récepteur fonctionne avec des billions et des billions de microtubes-vacuum. La sensibilité et la clarté de ce récepteur dépendent de la qualité de ces tubes-vacuum. C'est l'origine de la différence individuelle. Et la qualité de ces tubes dépend de leur matière et de la technique de leur fabrication. Cette matière est la nourriture et la technique de la préparation, c'est l'assortiment et la manière du manger.

Voilà pourquoi on peut penser et comprendre l'infini et tout ce qui s'y trouve dedans. Voilà pourquoi nous pouvons avoir des mémoires infiniment nombreuses. Voilà pourquoi nous pouvons nous entendre l'un l'autre : notre cerveau-infini est unique et commun à toute l'humanité et à tous les êtres organiques et inorganiques. Voilà pourquoi on peut apprendre n'importe quelle langue. Voilà pourquoi on visionne des choses qui ne sont pas sous nos yeux, mais éloignées à des milliers de kilomètres, soit dans le sommeil, soit éveillés. De même, on visionne ce qui se passera dans le futur. Notre penser est l'infini, omniprésent, omniscient et omnipotent.

Voilà la possibilité des miracles. La mémoire, ou le cœur, ou la tête qui pense et qui juge, n'est pas dans cette petite boite dite « tête », au contraire, nous sommes dans la tête dite l'infini.

Les Lao-Tsé, les Bouddhas, les Mahaviras, ensei-
gnaient comment manipuler ce récepteur et n'avaient pas
besoin de parler de la technique de fabrication et la matière, puisqu'à leur époque il n'y avait ni capitalisme, ni
libre-échange international, ni chimie qui viole la loi de la
nature.

J'ai parlé beaucoup et longuement à propos de notre
jugement, et il y a encore beaucoup de choses à discuter
telles que : « Qu'est-ce que l'absolu, l'infini ou l'éternel ? »,
« Pourquoi l'homme est inconnu » ? « Quel est le but de
l'infini ? », « Pourquoi et comment l'infini produit les
deux forces antagonistes-complémentaires », etc. Voilà le
commencement des études du Principe Unique. Mais ce
n'est pas le lieu ici de continuer plus loin. Je vous prie de
tout mon cœur d'étudier notre spirale logarithmique et de
vous préparer pour une véritable exploration pleine
d'aventures de ce monde absolu de l'infini, biologiquement, physiologiquement et logiquement, comme
Livingstone se préparait pour sa dernière expédition tout
autonome.

(Voir des exemples de notre jugement dans l'appendice.)

1. Le bien et le mal

D'après le Principe Unique, il n'y a ni bien ni mal en ce monde, mais Yin et Yang antagonistes et complémentaires. Tout ce qui est antagoniste est complémentaire et indispensable l'un. l'autre. Mais, en même temps, il n'y a aucune chose absolument Yin ou absolument Yang. Dans ce monde de relativité tout change en d'autres extrémités opposées. On peut donc dire que ce qui est éternel, absolu et infini est le seul bien et ce qui n'est pas absolu, ni infini, ni éternel est le seul mal. S'il y a un mal qui est infini, éternel et absolu, c'est, en réalité, le bien déguisé.

Le bien étant ce qu'on aime et le mal ce qu'on n'aime pas, le bien et le mal ne sont que des produits du sentimentalisme, égoïste et exclusif. Un bien pour A, ne l'est plus pour B. C'est un relativisme. C'est un produit de la troisième faculté de notre jugement.

2. L'éthique ou la moralité

L'éthique et la morale sont des produits de la troisième étape de notre jugement. Ceux qui prêchent vigoureusement de l'éthique et de la moralité, sont ceux qui n'ont aucune foi dans la suprême faculté de jugement. Ils ignorent la constitution-conception de l'univers. Ils sont arrogants et confiants en eux-mêmes. Ils sont égoïstes et défaitistes. Ils ont d'ailleurs peur.

Lao-Tse dit : « Quand on oublie la grande voie par laquelle tout le monde peut entrer dans le Royaume des cieux, on invente l'éthique ».

L'éthique est morale, négative et restrictive. On ne l'aime pas. Nous devons établir une éthique nouvelle, basée sur la septième faculté de notre jugement. Elle doit être encourageante, positive et pratique pour tout le monde.

3. Le salut public et individuel

Le salut public et individuel est-il possible et nécessaire ? Peut-on donner le véritable bonheur à ses pareils ?

En réalité, le salut est extrêmement difficile, presque impossible. On ne peut pas donner la justice, mais la justice est la seule clef du véritable bonheur. Et la justice est innée. Le malheureux est celui qui a le principe de la justice, le jugement de la septième étape de notre jugement, éclipsé ou voilé. C'est donc une éducation nouvelle, biologique, physiologique et logique, qui seule peut réaliser le salut public et individuel.

4. L'âme individuelle et l'âme universelle

Nous avons cherché l'origine de l'homme physique dans le chapitre IV et nous avons abouti, chose curieuse et étonnante, à l'infini, à travers les 6 étapes biologique, physiologique, physique, logique et philosophique : le végétal, la terre, la pré-atomique, l'énergie, les deux pôles dialectiques. Ces 6 étapes, et la première étape de l'homme et la dernière l'infini, ne sont pas différentes et indépendantes, mais dépendent l'une l'autre de la même vie. Elles forment une spirale logarithmique. D'après cette spirale, l'âme individuelle et l'âme universelle sont la même chose, l'infini.

Regardez bien encore une fois cette spirale logarithmique. Vous y trouverez tous les problèmes mystérieux résolus.

5. L'hypothèse de Darwin

C'est une des milliers d'hypothèses opposées au Principe Unique.

D'après la genèse orientale, qui est un exposé de la constitution-conception de l'univers, l'hypothèse de Darwin est une fausseté. Elle n'est pas encore vérifiée scientifiquement. Et il y a beaucoup de phénomènes contradictoires. Elle ne peut expliquer le phénomène de mutation, elle ne sait pas d'ailleurs ce qu'est la vie, ni le mécanisme de changement et de développement ou de rétrogression.

L'idée de l'évolution est tout-à-fait imaginaire, simpliste, primitive, relativiste et pré-copernicienne.

D'après notre Principe, il n'y a aucun progrès qui ne s'accompagne d'une rétrogression.

6. Ahimsa

Le principe de non-violence est une tendance générale parmi les orientaux. C'est une loi biologique et médicale. L'auteur de cette loi avait la faculté suprême du jugement. Ce n'était rédigé ni par la moralité, ni par la sentimentalité (la troisième étape du jugement), mais basé sur la constitution-conception de l'univers.

Les pauvres prêtres professionnels l'ont propagé comme une loi sentimentale. Il y a des centaines de milliers de gens qui observent cette loi comme végétariens maintenant dans l'Inde, sans en connaître la vraie signification. La pratique sans la théorie est une sentimentalité. Et la sentimentalité ne suffit pas. Voilà pourquoi il y a tant de malades condamnés « incurables ».

Cette traduction biologique et physiologique de la loi de non-violence est une loi négative, prohibitive, éthique. Et la loi négative ne peut être observée à la longue.

Il y a autant de vaches dans l'Inde que dans tous les pays européens. On admire le lait et ses produits : ghee, beurre, curd (lait caillé) et des gâteaux et du thé et café au lait avec tant de sucre (la consommation du sucre : 5.000.000 de tonnes). L'admiration du lait et de ses produits est une exploitation biologique et une excuse défaitiste pour violer la loi d'Ahimsa. C'est avouer qu'on ne peut pas pratiquer Ahimsa. C'est une grosse erreur ou un grand crime.

Au point de vue biologique, le lait n'est pas une nourriture pour adultes. Aucun animal ne se nourrit de lait après la dentition, même le chien. De plus, le lait d'un animal donné n'est pas une nourriture idéale pour les petits d'une autre espèce. A plus forte raison pour des nourrissons. Le lait de notre mère est merveilleux pour nos bébés, mais il serait comique et ridicule de continuer à nous nourrir du lait maternel à l'âge de 20, 30 ou 60 ans.

Gandhi lui-même, végétarien très strict, ne pouvait résister à la tentation du lait de chèvre, sous le prétexte que c'était recommandé par son médecin pour le sauver. Il le regretta jusqu'à la fin de sa vie.

Les occidentaux et des riches de l'Inde admirent le lait. La médecine, la théorie de la nutrition et beaucoup de science sont mobilisés et payés pour défendre cette exploitation. Imaginez un petit veau qui suit sa mère-vache, en essayant de temps en temps de boire du lait de sa mère et reçoit chaque fois des coups de fouet par des vendeurs de lait frais dans les rues de Calcutta. C'est cruel.

On doit apprendre que c'est tout-à-fait inutile et vain d'établir des lois prohibitives et négatives. Même le grand Empereur bouddhiste Asoka fit cette erreur. On doit réaliser que la force du bas jugement (sensoriel, sentimental) est très grande puisqu'elle est Yang. La force du haut jugement, étant morale ou spirituelle (Yin), est toujours éclipsée par la force du bas jugement (Yang), physiquement parlant. C'est pourquoi toutes lois, religieuses ou morales, ne sont pas très pratiquées, bien qu'elles soient très estimées et très admirées.

Pour conquérir le bas jugement par le haut jugement, il n'y a qu'une seule technique, d'après le Principe Unique : l'éducation nouvelle, biologique, physiologique, logique et embryologique.

Ahimsa d'aujourd'hui est sentimentale.

7. Samsâra

C'est la base et en même temps le point de départ de la théorie de la réincarnation (métempsycose, migration des âmes) et du renoncement au monde, la négation du monde. Voilà une grande erreur.

Dans ce monde physique et relatif (du premier jusqu'au sixième monde), rien n'est constant, éternel et infini. C'est là une grande chance pour nous sauver.

Si tout était constant et inchangeable, il n'y aurait aucune issue pour la liberté infinie, le bonheur éternel et la justice absolue. Cette erreur de la réincarnation néga-tive est produite par le manque de connaissance de la constitution-conception de l'univers. On avait réalisé Samsâra, mais on n'en avait pas découvert le mécanisme: le Principe Unique. Voilà la tragédie de ceux qui prati-quent sans principe.

La science moderne a réalisé enfin le «Samsâra» par la physique atomique, mais pas encore par le principe. Voilà la naissance d'une tragédie: tuerie de 313.848 personnes (femmes, enfants et citoyens non armés) à Hiroshima et Nagasaki. (Dans la ville de Nagasaki il y a un hôpital catholique, l'hôpital Saint François-Xavier, sur une colline. Dans la vallée à côté, il y a un autre hôpital annexé à l'École de Médecine de l'Université de Nagasaki. La bombe atomique tomba au milieu de ces deux hôpitaux qui furent détruits en même temps. Dans l'hôpital de l'Université environ trois mille personnes furent tuées, professeurs, infirmières et malades. Mais, dans l'hôpital catholique exposé sur la colline, pas un seul mort. Un seul blessé, le frère Alcantola, qui fut un peu brûlé au genou. En dehors de cet hôpital, 8.000 morts. Le Vatican déclara alors qu'il y avait là « un miracle du XXe siècle ». Mais personne n'a cherché le secret de ce miracle. Le médecin de cet hôpital, le Dr. Akiduki, un de mes disciples et moi-même le savons. Le Dr. Akiduki avait observé très strictement mes directives diététiques depuis plusieurs années).

Pour ceux qui comprennent le Principe Unique, la constitution-conception de l'Univers, la plus grande tragédie même n'est qu'une porte ouverte vers la liberté infinie. Pour eux, le monde du « Samsâra » n'est qu'un théâtre où l'on peut faire jouer n'importe quelle pièce.

8. Noble voie des huit vertus

Le bouddhisme enseigne qu'on doit marcher sur la voie des huit vertus pour devenir un homme libre et heureux : la foi pure, la volonté pure, le langage pur, l'action pure, la conduite pure, l'aspiration pure, la compréhension pure et la méditation pure. C'est très bien ces huit vertus pour ceux qui peuvent les pratiquer, mais ce n'est pas tout-à-fait très facile pour quelques-uns. Le Bouddha était un grand penseur, mais il n'était pas très pratique. Il ne montra pas comment réaliser ces huit vertus. Il n'avait pas le temps d'enseigner ni d'expliquer ce qu'est la « pureté ». Il fut homme d'action plutôt qu'éducateur. Mais tel enseignement et telle explication étaient peut-être inutiles à son époque où l'on se nourrissait d'aliments purs, non adultérés, locaux et de saison, en proportion naturelle, puisqu'il n'y avait ni industrie chimique, ni libre-échange, ni capitalisme. On se nourrissait de cent pour cent de « pureté ».

Après quelques siècles, Nagarjuna, Asanga, Basvandou, etc. devaient élaborer l'explication de la «pureté», ce fut la naissance de l'école Mahayana.

En tout cas, on doit établir une nouvelle école biologique, physiologique et logique: une éducation nouvelle d'après la constitution-conception de l'univers, qui embrasse toutes les religions, toute la science, toute la philosophie, contradictoires et antagonistes. Cela ne doit pas être une chose négative, ni obligatoire, mais une chose belle à regarder, amusante et intéressante à entendre, très utile à pratiquer, jusqu'à ce que tout le monde l'accepte avec un grand plaisir.

9. Respect de la vie.

C'est une idée nouvelle. Mais, si c'était seulement le respect de la vie des êtres humains, cela peut signifier la destruction de tous les êtres qui paraissent ennemis de l'homme. Ce n'est pas le respect de la vie. On doit donc savoir la vraie signification de la vie : la constitution-conception de l'univers, qui n'est pas autre chose que l'économie de l'univers et l'économie du corps de l'homme. Elle est la justice de l'économie et l'économie de la justice. Ceux qui ont bien compris cette grandiose conception peuvent vivre une vie très longue et très heureuse, c'est très économique. Tous les végétaux, tous les animaux le savent et le pratiquent, mais l'homme ne le sait pas puisque sa suprême faculté de jugement est éclipsée, à cause de l'éducation trop professionnelle.

Pour réaliser le respect de la vie, on doit savoir tout d'abord la conception de la vie et ensuite la pratiquer, pour réaliser la longévité et le rajeunissement, l'amour universel et la tolérance infinie sans violence ni cruauté.

10. L'infini, l'absolu, l'éternel

Platon dit qu'on ne peut pas concevoir l'infini, l'absolu, l'éternel C'est très vrai, autant qu'on le cherche dans ce monde relatif qui n'est qu'un point géométrique de l'infini. (Voir notre spirale logarithmique). C'est un peu comme si l'on disait que nous ne pouvons pas voir notre «moi». D'où vient-il, où va-t-il ?, bien que nous puissions voir notre main, notre pied et entendre notre cœur qui bat. La perception étant possible seulement dans le monde relatif, dans le monde de différence. L'infini est infini, l'absolu est infini, et l'éternel est infini. L'infini n'a pas de pareil, par conséquent pas de différence. Nous ne savons pas, nous ne pouvons pas voir l'infini par nos sens, mais nous le savons, nous le voyons en imagination. D'ailleurs, la mémoire, la compréhension, notre jugement sont des activités de l'infini. Si nous ne pouvons pas concevoir, si nous ne pouvons pas différencier l'infini, c'est dire que nous sommes l'infini lui-même.

11. La volonté

Qu'est-ce que la volonté ? C'est une grande question. Mais, consultez notre spirale logarithmique. Elle y est esquissée. Tout ce qui se trouve dans ce monde relatif a une tendance : l'énergie, le tropisme, faim ou soif, ou le vouloir. C'est la volonté de l'infini, polarisée, déviée, éclipsée et colorée, à travers ces six étapes relatives. Le vouloir infini et omnipotent, c'est la vie, c'est l'infini. La plus grande volonté qui réalise tout, c'est le vouloir de ce qui connaît la constitution-conception de l'univers, l'infini.

Si vous voulez faire de votre vouloir la plus grande volonté, vous n'avez qu'à purifier votre corps, d'après les lois biologiques, physiologiques et logiques, dont je vous ai longuement parlé dans les premiers chapitres de ce petit livre.

12. Entropie

L'entropie est une maladie Yin produite par la science moderne Yang. La science est basée sur notre deuxième faculté du jugement, le jugement sensoriel, et veut fortifier nos sens qui sont trompeurs. Il est donc naturel qu'elle aboutisse à une fin tragique dite entropie. C'est la fatalité de ce qui ne s'occupe que de ceux qui se trouvent dans ce monde relatif, qui a un commencement et une fin.

13. Cancer et le cancer du sang

Le cancer étant une maladie de la multiplication infinie des cellules d'un organe ou d'un autre, appartient, cela va de soi, à la catégorie Yin : expansion, dilatation. La cause ultime du cancer c'est toujours l'excès de Yin dans les aliments quotidiens. Le cancer du sang se rencontre seulement chez ceux qui mangent beaucoup de gâteaux sucrés, du café sucré, du lait sucré. N'est-ce pas merveilleux et intéressant que tous les égoïstes périssent automatiquement ?

14. La porte étroite

La science moderne nous apprend que ce monde est un grand jeu kaléidoscopique des ondes de l'énergie et que cette énergie est dominée par la loi universelle dite « entropie », ou la mort totale de l'univers. C'est presque le «tout-néant» du bouddhisme. Mais d'après notre Principe Unique, la constitution-conception de l'univers, il y aura une autre loi positive, créatrice et antagoniste de l'entropie. Puisque la première loi de l'ordre de l'univers nous garantit qu'il y a toujours un dos vis-à-vis d'une face. La loi antagoniste de l'entropie doit être une loi affirmative, créatrice et positive. Nous pouvons la baptiser d'un nom : « génératrice Yin-Yang » ou simplement la loi « Yin-Yang ». Les anciens sages et saints la nommèrent de plusieurs noms : « Tao », « la grande voie de la vie », « vishnou et shiva », « tamasic et rajasic », « Taka et Kami », « Musubi », etc.

Nous avons trouvé cette loi Yin-Yang et nous savons comment contrôler cette machine. Muni de cette machine et ayant appris son mécanisme, « rien ne vous sera impossible ».

Voilà la grande voie de la vie, « Tao ». Vous n'avez qu'à marcher sans souci ! Elle est large, infiniment large. Il est donc impossible que vous soyez perdu sur cette voie si vous marchez les yeux fermés.

Voilà la porte étroite. Elle est toute petite et étroite et modeste, comme ces deux mots jumeaux Yin-Yang. Mais une fois passé par cette porte si petite, vous êtes dans la liberté infinie, le bonheur éternel, la justice absolue.

APPENDICE II

La liberté se trouve seulement dans l'esclavage

La lumière se trouve seulement dans la nuit noire : les étoiles innombrables et des billions de soleils ne brillent pas dans la journée, les sages ne se rencontrent pas dans un pays de sages, les millionnaires ne sont pas millionnaires dans un pays de millionnaires.

La liberté préparée et donnée, la liberté dans un pays démocratique, n'est pas du tout la vraie liberté.

La liberté sauvegardée par la loi n'est qu'un esclavage. La paix sauvegardée par la loi n'est qu'une paix établie par la violence.

La santé établie avec la médecine, ou par quelques instruments, est dépendante, incertaine, mendiante ou violatrice. Telle santé n'est qu'une honte vis-à-vis de tous les animaux les plus petits et les plus insignifiants.

La vraie santé doit être établie seulement sur la conquête des mauvais facteurs qui menacent notre vie, sans employer aucune violence, ou plutôt sur une bonne entente coopératrice et complémentaire, une solidarité universelle ou une fraternité la plus intime, établie avec tous les facteurs malfaisants. Les idées fondamentales de la médecine symptomatique, qui s'occupe de la destruction totale des facteurs malfaisants, sont enfantines, primitives, impraticables, exclusives, pré-coperniciennes.

Le front ne peut pas exister sans l'arrière. Le bien n'existe pas sans le mal. La beauté ne peut pas exister sans laideur. La destruction totale des antagonistes est un suicide. La disparition complète de la laideur, de l'arrière, du mal ou de l'esclavage, signifie la mort de la beauté, du front, du bien ou de la liberté.

Si l'union internationale des mouvements féministes condamne l'homme à mort comme responsable des guerres, et si elle l'exécute, c'est un suicide de toute l'espèce féminine en même temps.

La liberté a sa signification dans l'esclavage et dans les difficultés. La beauté a sa beauté seulement en présence de la laideur. Travaillons donc à créer toutes les difficultés, tous les maux, toute la laideur et tous les malheurs, pour faire de nous un homme libre, beau, fort et heureux. C'est faire de la vie un roman d'aventures, comme celle de Tom Sawyer.

La liberté se trouve seulement dans l'esclavage. La vraie santé s'établit seulement avec les conditions les plus non-hygiéniques. Vous en avez vu tant d'exemples vivants parmi les soldats au front, pendant la guerre.

Le bonheur doit être exploré au fond du malheur. L'endroit le plus assuré sous un bombardement violent, c'est le voisinage le plus près de l'endroit où la bombe était jetée dernièrement.

La médecine, ainsi que toute institution médicale moderne, a une orientation négative, pessimiste, défaitiste et malfaisante pour l'humanité.

Que l'on comprenne bien que la liberté se trouve et s'établit seulement dans l'esclavage et au fond des difficultés.

La liberté ne doit pas être distribuée. La liberté doit être établie par celui qui la veut. C'est pour présenter l'homme libre sur la scène que ce monde est créé. L'homme libre, fort, loyal et admirable se présente seulement et toujours dans la détresse, humilié par la violence. C'est seulement au fond des difficultés qu'on peut déployer tout son courage inimaginable La liberté est seulement dans l'esclavage. La belle fleur du lotus se nourrit et grandit dans la boue la plus souillée.

Si le monde absolu, éternel et infini, le septième ciel d'après notre spirale logarithmique, est le monde réel, ce monde relatif, infinitésimal, limité, fini, doit être un monde faux et irréel. La plus grande vérité dans ce monde relatif et faux est donc la plus grande erreur dans le monde absolu et éternel. De même, le bien et le mal, la beauté et la laideur, l'honnêteté et la malhonnêteté, la fidélité et l'infidélité, les secours et la tuerie. Tout ce qui existe dans ce monde irréel, relatif et faux a la nature tout-à-fait contraire de son nom. Rien n'est vrai. ni réel. ni infini : tout est illusoire. C'est pourquoi un jour Sinran dit, à la stupéfaction de ses disciples : « Même les honnêtes peuvent être sauvés, pourquoi pas les malhonnêtes ».

Vraiment, donner la liberté à quelqu'un paraît bienfaisance à nos yeux, mais c'est dérober la liberté ou empêcher la germination de la faculté de liberté. C'est un grand crime.

Si vous aidez quelques pauvres mendiants, tous les jours, en leur fournissant de quoi manger, et cela pendant des années et des années, ils resteront mendiants toute leur vie. C'est commettre une erreur. D'ailleurs, vous ne pouvez pas nourrir des milliers de pauvres pendant des années. Tout ce que vous ne pouvez pas réaliser entièrement et pour toujours est toujours un bien limité, palliatif, ou un mal. C'est pourquoi beaucoup d'honnêtes sont envoyés en enfer, tandis que beaucoup de malhonnêtes sont envoyés au paradis.

On a trouvé l'existence et l'importance des vitamines, il y a à peu près 45 ans. Beaucoup de médecins les utilisent pour des millions de malades depuis et on a déclaré qu'il n'y aura plus aucun beri-beri dans le monde entier. Mais, au bout de quelques années, on a réalisé que tout ne va pas aussi bien comme déclaré. La mortalité par le beri-beri ne baisse pas, au contraire, elle monte beaucoup, tandis que les inventeurs des vitamines sont couronnés. On trouve que la vitamine est un composé très complexe. On les classifie en vitamines A, B, C. D. etc. au cours des années suivantes. De plus B_1, B_2, B_3, etc.

Avec de tels tâtonnements, on a produit combien de malades et combien de victimes depuis des siècles ! Combien de victimes iatrogéniques !

On donne aujourd'hui la vitamine B1 pour une certaine catégorie d'enfants, tout-à-fait en vain et sans aucune amélioration. On ne sait, ou on néglige, qu'il y a des « aneurinases » qui se multiplient dans les intestins, de plus en plus, en décomposant la vitamine B1. Combien de victimes économiques et physiologiques !

L'insuline fut inventée par deux médecins il y à 35 ans. Depuis lors tous les médecins l'injectaient contre le diabète qui se multipliait de plus en plus. Mais on a déclaré publiquement l'inefficacité de l'insuline au 25e anniversaire de sa découverte, à la conférence internationale des spécialistes à Manhattan.

C'est trop tard. Des millions de diabétiques ont payé des billions de dollars pour ce médicament inefficace. Quelle déception pour la médecine ! Même à présent, on en emploie abondamment, non seulement dans les pays dits « backward », mais même dans les grandes villes des pays civilisés, où il y a toujours beaucoup d'innocents, d'ignorants simples et superstitieux, qui ont toute confiance en la médecine. La médecine, est-ce une superstition nouvelle ?

Et il y a beaucoup d'autres médicaments semblables. C'est un meurtre social, universel, protégé par la loi. La médecine moderne est-elle la plus grande meurtrière de l'humanité dans toute l'histoire, plus grande que toutes les guerres de tous les peuples et de toutes les périodes ?

Mais tous les gouvernements de tous les pays civilisés, sauf la Chine nouvelle, ne reconnaissent qu'une médecine, « allopathie ».

A vrai dire, il n'y a aucune liberté de choix de la médecine à présent. On ne peut pas confier sa santé ou sa vie à une école de médecine autre que cette « allopathie », dans presque tous les pays, sauf la Chine et l'Inde.

Dans une société libre, la monopolisation de n'importe quelle entreprise ou profession peut être admise sous le contrôle de la loi et du gouvernement. Mais le gouvernement et la loi ne doivent protéger aucune monopolisation. L'éducation ne doit pas être monopolisée, ni par un gouvernement, ni par une loi. J'espère que la « Citizens Medical Reference Bureau, Inc. (N. Y. États-Unis) against compulsory medicine or surgery » réalisera son but le plus tôt possible.

S'il y avait un billionnaire qui donne toute sa fortune pour la distribution gratuite des médicaments chimiques de la médecine moderne, pour une certaine période, avec une croyance très profonde en la médecine dictatoriale, et si, en définitive, ces médicaments sont déclarés « inefficaces » les uns après les autres à la désillusion de ce billionnaire, il est certain qu'il sera envoyé en enfer avec les amis médecins qui avaient collaboré avec lui. Mais, la loi moderne ne juge pas et ne condamne pas de tels responsables. Si un Jésus venait dans notre société et guérissait tous les malades par la foi, il est bien certain qu'il serait arrêté, emprisonné et puni par la loi protectrice de la médecine monopoliste.

En tout cas, une grande bienfaisance en ce monde relatif consiste en une grande malfaisance dans le monde réel, absolu et infini, si celle-là n'était basée sur la conception de l'univers.

Jésus dit qu'un riche ne peut pas entrer dans le Royaume des cieux. Nous devons savoir que c'est pareil pour tous ceux qui sont riches, non seulement en fortune, mais aussi des riches en conceptions de toutes catégories, en sentimentalité, en technicité sociologique, industrielle, scientifique, médicale, religieuse, agricole, etc. s'ils ne sont pas bien basés sur la constitution-conception de l'univers.

TABLE DES MATIÈRES

QUELQUES CENTRES MACROBIOTIQUES
DANS LE MONDE

Allemagne	Macrobiotic Center of Berlin, Schustherusstr, 26 – D1000 BERLIN 10
Angleterre	East-West Foundation, 188 Old Street – LONDON EC1V, 8 BP
Argentine	Macrobiotica Universal, Paraguay 858 – 1057 BUENOS AIRES
Belgique	Den Teepot, 66 rue des Chartreux – 1000 BRUXELLES Centre Kimura, Predikherenlei 12 – 9000 GENT Oost-West Centrum, Conscience St. 44 – 2000 ANTWERPEN Hôtel IGNORAMUS – Stationsstraat 121 – B-3665 AS
Brésil	Institute Principo Unico, Plaça Carlos Gomez 60, 1er Andar, Liberdade – SAO PAULO
Espagne	Vincent Ser, 2 General Mola-Olivar 1 – 46940 MANISES, Valencia
France	CIMO (Centre International Macrobiotique Ohsawa), 8 rue Rochebrune – 75011 PARIS Cuisine et Santé Macrobiotique, Pont de Valentine – 31800 ST GAUDENS Terre et Partage, 4 place de l'Église – 67140 REICHSFELD
Guadeloupe	Michèle Weinsztok, Centre Macrobiotique, 58 rue Frébault – 97110 POINTE À PITRE

Grèce	Centre Macrobiotique Hellénique, Vatatzi 25–11472 ATHÈNES
Hollande	Oost-West Centrum, Weteringschans 65–1017 RX AMSTERDAM
Italie	Un Punto Macrobiotico, via Nazionale 100–62100 SFORZACOSTA
Israël	Macrobiotic Jerusalem, P.O. 618–JERUSALEM 91006
Japon	Nippon C.I., 11-5 Ohyamacho, Shibuya-Ku–TOKYO 151 Osaka Seishoku, 2-1-1 Uchiawaji-Cho, Chuo-Ku– OSAKA 540
Liban	MACRODETTE (AGHAJANIAN), rue Saffine– Achrafieh–BEYROUTH
Luxembourg	Hubert Descamps, "La Moisson", Rue Kettenhouscht– L-9142 BURDEN
Portugal	Carlos Ricardo Cortegaça–2715 PERO PINHEIRO
Suède	Västergötlands Makrobiotiska Förening, Björklyckan, Hössna, S-523 97–ULRICEHAMN
Suisse	International Macrobiotic Institute–3723 KIENTAL Le Grain de Vie, 9 chemin sur Rang–1234 PINCHAT (Canton de Genève)
Tchècoslovaquie	Makrobioklub, Mlynská 659–51801 DOBRUSKA
Uruguay	Mauricio Waroquiers–Sierra Vista–CC 52080–(20000) MALDONADO
USA	Kushi Institute, P.O. Box 7–BECKET, MA 01223 G.O.M.F., 10511 Robinson St.–OROVILLE, CA. 95965
Vietnam	Ohsawa House, 390 Dien Bien Phu, Binh Thanh, Thanh Pho, HO CHI MINH

ACHEVÉ D'IMPRIMER
EN AVRIL 1997
PAR L'IMPRIMERIE
DE LA MANUTENTION
À MAYENNE
N° 127-97